KB069872

독수리는 왜 까치에게 쫓겨다닐까?

우리와 함께 사는 동물들 이야기

독수리는 왜 까치에게 쫓겨다닐까?

김기범 지음

㈜자음과모음

살아남아 줘서
정말 고맙다

집 근처 거리를 걷다가 마주친 길고양이를 보고 웃음을 지은 때가
두 번 있다. 한 번은 길고양이가 사냥을 하는 모습이었는데 사냥 자세 자
체는 마치 퓨마처럼 그럴듯해 보였다. 문제는 사냥감이었는데 그 길고양
이는 자신과 크기도 얼마 차이 나지 않는 비둘기를 쫓고 있었다. 비둘기
가 귀찮다는 듯 날아오르자 언제 사냥을 했냐는 듯 시치미를 떼며 돌아
서는 모습에 웃음을 지을 수밖에 없었다. 길고양이 자신도 꼭 비둘기를
잡으려 했다기보다는 놀이 겸 사냥 겸 해서 노려본 것이 아닐까 싶다.

두 번째는 나무를 타고 있는 길고양이를 목격했을 때다. Y 자 형태
의 나무 위에서 버둥거리며 애써 균형을 잡아 보려 하는 모습이 얼마나
필사적으로 보였는지 모른다. 이 고양이 역시 결국 나무에 오르는 걸 포

기하고, 아무 일 없었다는 듯 사라졌다.

책을 시작하며 앞부분에 길고양이 이야기를 길게 늘어놓은 것은 그 날, 그 시간, 많은 사람들이 지나다니던 그 길에서 이 길고양이를 보고 웃음을 지은 사람은 단 한 사람, 나밖에 없었기 때문이다. 내가 그때 이 고양이들을 볼 수 있었던 이유는 그들을 보기 위해 늘 주위를 살펴보며 걸었기 때문이었다. 음식점이 많은 그 거리에 길고양이가 여러 마리 살고 있고, 낮에도 모습을 드러낸다는 것을 알고 있었기에 그들을 관찰할 수 있었던 것이다.

이 책을 쓰면서 품었던 마음이 바로, 내가 집 근처의 길고양이들에 대해 알아 간 것처럼 독자들이 한국의 동물들에 대해 좀 더 알게 되었으면 하는 것이었다. 독자들이 그 동물들의 상황을 남의 일처럼 여기지 않으면 좋겠다는 바람이었다. 고향 바다로 돌아간 남방큰돌고래 제돌이에 대한 글을 읽은 이들이 제주도에 갈 때 돌고래에 대해 한 번쯤 생각하게 되고, 제돌이에 대한 기사를 볼 때 아는 돌고래의 이야기인 것처럼 읽기를 바라는 것이 지나치게 큰 욕심이 아니기를 바란다.

사실 어떤 대상을 '알게 된다.'는 것은 그만큼 그 대상에 대해 무언가를 투자해야만 얻을 수 있는 일이다. 시간을 들이고, 관심을 기울이는 과정에서만 얻어지는 변화이기 때문이다. 이 책을 읽는 데 시간을 들인 이들이 그런 변화를 얻을 수 있다면 기쁘기 그지없을 것이다.

이는 이화여대 에코과학부 석좌교수이자 국립생태원장인 최재천 교수가 말하는 "알면 사랑한다."와 『나의 문화유산답사기』의 저자 유홍준 교수가 말하는 "아는 만큼 보인다."는 이야기와도 맥이 닿는 부분이라 생각한다. 이 책에는 그만큼의 깊고 넓은 통찰을 담지는 못했지만 말이다.

스물네 개로 구성된 이야기 속 주인공은 다양한 동물들이지만 사실 이 글의 숨은 주인공은 '인간'이라고 생각한다. 사람들에 의해 어미와 생이별한 새끼 동물들부터 개발의 여파로 고통받는 동물들, 동물원과 수족관에 갇혀 지내는 동물들, 사람에게 먹히는 것만이 삶의 목적인 농장 동물들, 사람에게 혼획된 돌고래까지 모두 사람이라는 요소가 빠지면 이야기 자체가 성립되지 않는다.

물론 동물들을 괴롭히는 사람들 말고도 동물 보호, 더 나아가 동물 권리 확립이라는 목표로 활동하는 동물보호단체들, 야생동물들을 연구하는 이들, 쇼에 동원되던 돌고래를 방류하기 위해 애쓴 이들 역시 이야기의 주인공들이다.

사실 이 책은 애초에 이 주인공들이 없었다면 세상에 나올 수조차 없었던 책이다. 동물들을 만나는 현장에서 귀중한 이야기를 들려주고, 중요한 장면들을 보게 해 준 이들 덕분에 책에 담긴 이야기와 사진들을 모으고, 간추리는 것이 가능했기 때문이다. 책에 등장한 분들 외에도 수많은 연구자, 동물보호단체 활동가, 환경단체 활동가께 감사드린다. 책에 잘못된 부분이 있거나 현장의 전문가, 동물보호단체 활동가가 보기에 오해할 만한 부분이 들어 있다면 그것은 전적으로 저자의 책임임도 밝혀 둔다.

책의 편집과 출간을 맡은 자음과모음 출판사 여러분께, 그리고 다양한 동물들을 만날 기회를 보장해 준 경향신문사와 경향신문 선후배들께 이 글을 빌려 깊은 고마움을 전한다. 늘 마음으로 지원해 준 가족, 친구들에게는 무한한 사랑을 보낸다.

그리고 무엇보다 고마움을 표하고 싶은 이들은 바로 개발의 광풍이, 밀렵의 손길이, 인간 활동으로 인한 기후변화가, 사람들의 몰이해가 끊임없이 생존을 위협하는 한반도의 산과 들에서 '끈질기게 삶을 이어가고 있는 동물들'이다.

"살아남아 줘서 정말 고맙다."

사람과 동물이 모두 힘겨운 시기를 이겨내고 있는

2014년 겨울, 서울에서

김기범

차례

그들을 이해하다

어미 새가 버린 것으로 착각해 새끼 새를 동물구조센터에 데려오는 사례가 많다. 어미가 멀리서 지켜보고 있다면 '놀이터에서 노는 아이를 엄마가 보는 앞에서 미아인 줄 알고 파출소에 데려다 주는 일'이나 다름없는 셈이다.

사람들이 동물구조센터에 데려온 새끼 올빼미가 어미를 잃었다. ⓒ종복원기술원 야생동물의료센터

새끼 동물
납치 사건

구조했는데 납치라니!

매년 봄철마다 전국 곳곳의 산과 들에서는 '선의'로 시작된 새끼 동물 납치극이 벌어진다. 특히 5월 말에서 6월 초, 전국 곳곳의 동물구조센터들은 눈코 뜰 새 없이 바빠지기 일쑤다. 등산이나 자연탐방을 나선 이들이 노루, 고라니, 수달 등 포유류는 물론 각종 조류의 새끼들을 '구조'했다며 데려오기 때문이다.

사실 새끼 동물이 혼자 풀숲이나 나무 아래에 있는 것을 보면 자연스럽게 '어미로부터 버려진 것이겠구나.' 하고 생각하기가 쉽다. 등산객이나 탐방객이 새끼 동물들이 불쌍해 보여서, 구해 주려고 등산 점퍼나 담요 등으로 감싸 안고 산에서 내려와 관공서나 야생동물구조센터 등에 맡긴다고 한다.

하지만 정말 급한 상황이 아니라면 이 새끼 동물들을 위해서는 원래 있던 자리에 그대로 두는 것이 좋다. 어미가 죽거나 다시 그 장소에 돌아오지 못하게 된 상황이 아닌 이상 대부분의 경우는 새끼를 데리러 다시 나타나기 때문이다.

봄에서 여름으로 넘어가는 5월 말, 6월 초 동물구조센터들에는 새끼 동물을 구조했다는 연락에 전화통이 불이 난다. 동물보호시설에도 어린 동물들로 넘쳐나게 된다. 매년 어미 사체를 발견하지 않는 이상 데려오지 말라고 교육도 하고 캠페인도 벌이지만, 봄이 되면 버려진 새끼 동물을 구했다는 전화가 쉴 새 없이 걸려오기 때문이다. 동물구조센터 직원들이 "고양이 손이라도 빌리고 싶어요."라고 하소연을 할 정도다.

부산에 있는 낙동강하구에코센터 야생동물치료센터에서 집계한 자료에 따르면 2013년 5월 1일~7월 31일 3개월 동안 구조한 435마리의 동물 가운데 절반가량인 214마리가 어린 동물이었다. 2008년에 문을 연 야생동물치료센터가 매년 5~7월에 구조한 어린 동물은 평균 130여 마리다. 센터의 전문가들은 이 새끼 동물들 가운데 상당수가 사람의 잘못된 개입으로 어미 동물과 생이별하게 된 경우일 것으로 추정하고 있다.

특히 가장 많이 '구조'되어 오는 동물들은 고라니, 노루, 너구리 등 한국의 산과 들 어디에서나 찾아볼 수 있는 동물들이다. 고라니의 경우는 5~6월 사이 새끼를 낳고 갓 출산한 새끼를 풀숲이나 우거진 관목 사이에 감춰 둔 뒤 먹이를 찾으러 가는 습성이 있다. 이때 등산객들이 혼자 있는 새끼를 발견해 동물구조센터로 데리고 온다는 것이다.

둥지에서 떨어진 것으로 보이는 새끼 새들을 데려오는 경우도 많다. 황조롱이의 경우 4월 말부터 7월까지 4~6개의 알을 낳는데 새끼는 부화한 뒤, 한 달여 동안 어미에게 비행훈련을 받은 뒤 독립한다. 훈련 초기에는 아직 제대로 날지 못하다 보니 땅에 떨어져 있기가 일쑤인데 이때 황조롱이 새끼를 탐방객들이 발견하고는 어미 새가 버린 것으로 착각해 데려오는 사례도 많다. 새끼가 비행훈련을 하는 동안 어미가 멀리서 지켜보고 있는 점을 감안하면 '놀이터에서 노는 아이를 엄마가 보는 앞에서 미아인 줄 알고 파출소에 데려다 주는 일'이나 다름없는 셈이다. 사람 아이는 파출소에 데려다 주면 다시 엄마 품에 돌아가기도 하지만 동물은 한번 헤어지면 절대 다시 만날 수 없다.

아예 둥지 전체의 새끼 새들을 몽땅 '구조'해 온 사례도 있다. 어미 새는 영문도 모른 채 소중한 자식들을 모두 빼앗기고는 어쩔 줄 몰랐을 것이다. 새끼 동물을 섣불리 구조하는 것은 그 동물의 생존율을 낮추는 일이 될 수도 있다. 아직 다 자라지 못한, 어린 동물이 살아남을 수 있는 가능성을 높이는 길은 다 자랄 때까지 어미 동물의 보살핌을 받는 것이기 때문이다.

사람들이 동물구조센터로 데려온 새끼 하늘다람쥐. 어미가 애타게 찾고 있을지도 모른다.
ⓒ종복원기술원 야생동물의료센터

어미가 먹이를 찾으러 간 사이, 사람들이
구조 목적으로 데리고 온 새끼 동물들
ⓒ낙동강하구에코센터 야생동물치료센터

흰뺨검둥오리 새끼. 아직 어미의 품이 그립다. ©종복원기술원 야생동물의료센터

'단장'의 슬픔을 주는 '새끼 납치'

몹시 슬퍼서 창자가 끊어지는 듯한 심정을 일컫는 '단장(斷腸)'이라
는 말도 별생각 없이 새끼 동물을 잡아간 탓에 어미 동물이 겪은 답답하
고 안타까운 상황에서 유래된 말이다. 중국 남북조시대 진나라의 환온
이라는 이가 지금의 쓰촨 지방인 삼협 땅을 지날 때 하인 중 하나가 새
끼 원숭이 한 마리를 잡아 배에 태우고 갔다. 새끼가 잡혀간 것을 본 어
미 원숭이가 슬픈 소리로 울어대며 배를 따라왔다. 100여 리의 물길을

따라가다 배가 포구에 정박하자 어미 원숭이는 배에 뛰어 들어와서는 죽어 버렸다. 어미 원숭이가 왜 죽었는지 궁금해한 사람들이 배를 갈라 보자 새끼를 걱정한 마음이 지극했던 나머지 창자(腸: 창자 장)가 토막토막 난 채 끊어져(斷: 끊을 단) 있었다는 것이다. 옛사람들이 지어낸 이야기일 수도 있지만 '단장'은 어미 동물에게 새끼와 떨어지는 슬픔을 겪게 하는 것이 얼마나 잔인한 일인지를 잘 나타내 주는 말이다.

강원도 화천군 한국수달연구센터에서 보호 중인 수컷 수달 '순달이'도 '선의의 납치'를 당한 경우일 가능성이 높다. 순달이는 2011년 8월 전남 화순의 섬진강 상류 길가에서 누군가에게 발견된 후 센터에 들어왔다. 순달이를 보살펴 온 수달연구센터 박한찬 연구원은 "강 수위가 높아져서 수달이 사는 공간까지 물이 올라오면 어미 수달들이 새끼들을 한 마리씩 물어 옮기는 경우가 있어요. 그런 도중에 사람 눈에 띈 것이 아닐까 추측돼요."라고 했다.

지금 순달이는 화천군 깊은 산중의 수달연구센터에서 안전하게 보호받고 있긴 하지만 사람 손에 길러진 탓에 야생성을 잃어버려 다시 자연으로 돌아가기는 어려워졌다. 수달연구센터에서는 이렇게 사람에게 구조되어 들어온 수달들을 보호하면서 생태교육용으로 전시하고 있다.

그렇다면 강가에서 천연기념물인 동시에 멸종 위기 동물인 수달 새끼가 혼자 있는 것을 보면 어떻게 해야 할까? 박 연구원은 주변에 어미가 있을 가능성이 높기 때문에 새끼 수달이 어디에 갇혀 있거나 물에 빠

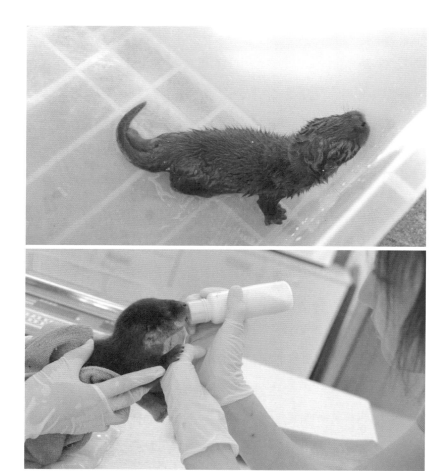

사람들이 동물구조센터로 데려온 새끼 수달 ⓒ종복원기술원 야생동물의료센터

져 죽어 가고 있는 등 위기 상황에 있지 않은 이상은 그대로 두는 편이 바람직하다고 한다. 다른 동물의 사례와 마찬가지로 어미 수달이 데리러 올 확률이 높기 때문이다.

어린 야생동물을 구해 주려면?

전문가들은 새끼 동물들이 수풀에, 나무 밑에, 길가에 덩그러니 홀로 있는 것을 보았을 때, 그냥 지나치는 것이 마음에 걸린다면 일단 주변을 주의 깊게 살펴보아야 한다고 조언한다. 주변에 어미의 사체가 있거나 새끼가 위험한 상태라면 인근 야생동물구조센터에 전화를 걸어 상담한 후 구조 방안을 모색해 보면 된다. 많은 동물들이 주로 밤에 이동하기 때문에 주변이 어두워질 때까지는 어미가 다시 돌아오지 않을 가능성도 높다. 새끼 새를 발견했을 경우는 멀찍이 떨어진 채 두세 시간 정도 어미 새가 오는지 관찰하는 것이 바람직하다. 그런 후에 인근 동물구조센터에 전화로 조언을 구한 후 구조해도 늦지 않다. 사람이 주변에 있으면 어미 동물이 새끼들에게 접근하기 어려울 수 있다는 것을 생각하면 애초에 새끼들에게 다가가지 않는 편이 나을 수도 있다. 새끼 동물을 발견한 곳을 기록해 둘 필요도 있다. 야생동물구조센터에서 다시 이 동물들을 자연으로 돌려보낼 때 큰 도움이 될 수 있기 때문이다.

야생동물 구조 · 치료 기관 연락처 (자료 제공: 환경부)

서울 서울대 수의대 동물병원 02-880-8661, 02-880-8662
       서울대공원 동물병원 02-450-9306

경기도 한국동물구조관리협회 031-867-9119
        경기야생동물구조관리센터 031-8008-6212

강원도 강원대 야생동물구조센터 033-250-7054

충청도 충북야생동물센터 043-249-1455
        충북대 동물병원 043-261-2602
        충남대 수의대 동물병원 042-821-6704
        충남야생동물구조센터 010-6672-8275

전라도 전북야생동물구조관리센터 063-850-0983
        전남야생동물구조관리센터 061-749-4800
        군산시 철새생태관리과 063-453-7213

부산 낙동강하구에코센터 야생동물치료센터 051-209-2000

대구 한국동물보호협회 053-622-3588

울산 울산야생동물구조관리센터 052-256-5322

경북 경북야생동물구조관리센터 054-840-8250, 054-840-8251

경남 경남야생동물구조관리센터 055-759-2626

제주 제주야생동물구조센터 064-752-9582

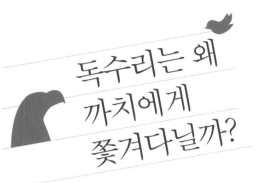

독수리는 왜
까치에게
쫓겨다닐까?

독수리가 참새를 잡아먹을까?

'하늘의 제왕'이라 불리는 독수리와 참새를 같은 사육장 안에서 키우면 어떻게 될까? 보통은 '독수리가 참새를 잡아먹을 것'이라고 예상하기 쉽지만 실제 두 조류를 한 공간에서 키우면 참새는 무사히 지낼 가능성이 높다. 독수리는 극히 드문 경우를 제외하고는 사냥을 하지 않고, 사냥을 할 만한 능력도 없기 때문이다.

큰 날개를 펼치고 하늘을 나는 독수리 ©국립공원관리공단

독수리는 하늘의 제왕이 아니다

　일반적으로 사람들이 독수리 하면 떠올리는 이미지는 용맹하고, 사냥에 능숙한 모습이다. 큰 날개를 펼치고 하늘을 날며 지상을 내려다보는 새들의 제왕 같은 모습이다. 하지만 이런 모습은 실제 한반도를 찾아오는 '독수리'라는 이름이 붙은 수릿과 새의 실제와는 거리가 멀다. 많은 이들이 독수리 하면 떠올리는 모습은 사실 매나 새매 같은 맷과의 텃새들, 그리고 독수리와 함께 수릿과에 속해 있는 새들인 흰꼬리수리, 참수

리 등의 모습과 가깝다.

　겨울 철새인 독수리가 한반도에 와서 보여 주는 모습은 백기완 선생의 『장산곶매 이야기』에 등장하는 장산곶매나 해동청 보라매라 불리며 매사냥에 이용된 매처럼 용맹한 모습이 아니라 뒤뚱거리며 동물의 사체에 모여들어서는 작은 새들에게 구박을 받고, 눈치를 보며 먹이를 먹는 모습이다. 철원을 비롯해 겨울철 독수리가 찾아오는 지역의 주민들은 밭이나 들에 까맣게 모여 있는 독수리들이 까치처럼 자기 몸집의 절반은커녕 10분의 1 정도밖에 안 되는 작은 새들에게도 쫓겨다니는 모습을 보면서 "양치기개가 모는 대로 움직이는 순한 양들 같다."며 혀를 끌끌 차기도 한다.

　맹금류 중에서도 가장 덩치가 큰 독수리가 혹독한 몽골의 겨울 추위를 피해 머나먼 한반도까지 와서 체면을 구기는 이유는 단 하나, 사냥을 하지 않고 사체만을 먹이로 삼기 때문이다. 조류학자들은 특히 독수리가 한국에 서식하거나 겨울을 나기 위해 머물다 가는 맹금류 34종 가운데 유일하게 사냥을 하지 않는 종이라고 보고 있다. 그냥 사냥만 하지 않는 것이 아니라 성격도 사납지 않은 탓에 덩치에 비해 공격적인 까치, 까마귀 등 한국의 텃새들이 부리는 텃세에 쫓겨 도망가는 모습도 심심치 않게 눈에 띈다. 특히 '한 성깔' 하는 까치나 까마귀가 독수리 등에 올라타 쪼아대고, 독수리는 견디다 못해 도망가는 모습은 파주나 철원 등 한국 내 독수리 월동지로 유명한 곳에서는 겨울철마다 쉽게 볼 수 있는 광경이다. 덩치만 컸지 구박 덩어리인 독수리를 불쌍하게 여기는 이들도 있을 지경이다. 멸종 위기종이자 천연기념물로 보호 대상이긴 하지만 새까만 털에다 머리에 털이 없어 대머리처럼 보이는 모습 탓에 조류 사진을 전문적으로 찍는 이들 중에서도 독수리에 관심을 갖는 이들은 상대적으로 적다. 독수리의 '독'이라는 글자가 대머리 독(禿)이라는 사실을 아는 이도 별로 없다. 국립생물자원관 강승구 박사는 "대부분의 사람들이 독수리가 머리에 털이 없는 것으로 알고 있지만 실제로는 머리 바로 아래 목덜미 위쪽에 털이 없어요. 정수리를 포함해서 머리 쪽에는 털이 있으므로 '대머리 독' 자를 붙이는 것은 잘못된 표현일 수도 있겠네요."라고 했다. 그는 "아주 나이가 많은 독수리들이 털이 빠지기도 하는데 이때도 정수리 쪽이 아니라 주로 귀 근처에서 빠집니다."라고 덧붙였다.

독수리에 대한 오해는 어디서 생겼을까?

사람들이 흔히 독수리에 대해 갖고 있는 이미지는 사냥에 능한 맷과, 수릿과의 새들이 날쌔게 날아다니며 위용을 뽐내는 모습에서 생겨난 것일지도 모른다. 강하고, 용맹한 이미지에 걸맞아 몽골에서는 여우나 늑대 사냥에 사용되기도 하는 검독수리와 혼동했을 가능성도 높다. 독수리라는 이름 자체가 흔히 맹금류 새들 전체를 부르는 말처럼 오용

독수리는 덩치만 컸지 성격이 사납지 않다. ©국립공원관리공단

되는 걸 생각하면 독수리는 이름 덕도 톡톡히 보고 있다.

특히 한국 사람들이 독수리와 다른 새의 모습을 오해하는 것은 유럽을 비롯한 서양 나라들이 영어 단어 'eagle'에 포함되는 수릿과 새들을 왕가나 정부, 군의 상징으로 사용해 온 영향도 큰 것으로 보인다. 한국 경찰과 해양경찰은 오랫동안 미국의 상징새인 흰머리독수리를 상징으로 사용해 왔다. 경찰은 2005년에야 마크를 겨울 철새인 참수리로 바꿨고, 해양경찰은 2009년 마크를 흰꼬리수리로 바꿨다. 경찰청과 해양경찰청은 모두 1946년 미군정 시절 본뜬 것을 60여 년 동안 유지하면서 한반도에 살지도 않는 흰머리독수리를 상징으로 삼아 온 것이다. 그뿐만 아니라 여전히 한국군의 여러 부대들은 용맹함을 과시하기 위해 독수리부대, 쌍독수리부대 같은 이름을 사용하고 있다. 정대수 교사의 말에 따르면 연세대학교의 상징인 독수리와 프로야구에서 대전을 연고지로 삼고 있는 한화 이글스의 독수리 역시 서양의 영향을 받은 서양 독수리라고 한다.* 일본 애니메이션 〈과학닌자대 갓차맨〉이 〈독수리 오형제〉라는 제목으로 번역된 것 역시 독수리에 대한 오해 때문이었을 것이다.

* 경남도민일보 2014년 2월 25일자 〈빅토르 안 유니폼의 쌍두독수리, 무슨 의미일까〉 우산초등학교 정대수 교사의 글을 참고했다.

매를 사랑한 민족

사실 한반도에 살아온 이들이 친숙하게 여기며, 용맹함을 칭송해온 새는 다름 아닌 맷과의 조류이다. 조선 후기 헌종 때 실학자 이규경이 지은, 일종의 백과사전인 『오주연문장전산고(五洲衍文長箋散稿)』에는 '한반도에는 삼재(물, 불, 바람으로 인한 재앙, 또는 전쟁, 기근, 전염병)를 막기 위해 3마리의 매를 그려서 방문에 붙여 놓는 풍습이 있다.'고 소개하는 내용이 나온다. 또 백기완 선생이 할머니와 어머니로부터 들은 옛날 이야기들을 엮어 펴낸 『장산곶매 이야기』에는 이런 내용이 담겨 있다.

> 옛날 옛적에 황해도 구월산 줄기 '장산곶' 숲 속에 날짐승 중 으뜸이라 할 수 있는 매가 살았는데 그중 으뜸인 장수매를 일컬어 '장산곶매'라 한다. 하루는 큰 대륙에서, 큰 날개를 가진 독수리가 쳐들어와서 온 동네를 쑥대밭으로 만들었는데 독수리에 비하면 형편없이 작아 보이는 장산곶매가 밤새 독수리에 맞서 싸웠다. 장산곶매는 커다란 독수리의 날개 바람에 휘청거리기도 했지만 독수리의 약점인 날갯죽지를 쪼아 버렸고, 독수리는 힘을 못 쓰고 땅으로 곤두박질을 치고 말았다.

우리 한반도 민족이 겨울철마다 머나먼 북쪽 땅에서 월동하러 내려오는 독수리나 흰꼬리수리 같은 덩치 큰 새들보다는 사시사철 눈에 띄었을 맷과의 새들을 더 사랑했음을 짐작할 수 있는 내용이다. 매와 독수리가 목숨을 건 싸움을 벌이는 것은 옛사람들의 상상력이 빚어낸 내용일 것이다. 하지만 고대로부터 중국이나 북방 이민족에게 침략당해 온 역사를 생각하면 한반도 민족이 덩치가 작은 매에게 감정을 이입하는 것은 충분히 이해할 수 있는 부분이다. 수릿과의 큰 새들은 먹이를 찾지 못하면 민가의 닭이나 병아리를 노리기도 했을 것이고, 마루에서 자고 있는 아기를 노린다는 의심을 사는 일도 많았을 테니 호감보다는 미움을 사는 일도 많았을지 모른다.

매를 이용해 꿩이나 작은 새를 잡는 매사냥은 예로부터 선조들이 즐겨 온 사냥 방식이기도 하다. 원나라 때는 귀족들이 고려 매를 최고로 여겨 고려에서 매를 잡아다 사냥에 이용했다는 기록도 남아 있다.

한국인만 매를 사랑한 건 아니다. 일본에서는 우주로 쏘아 올린 소행성 탐사선과 고속철도 노선에도 매라는 뜻의 '하야부사(はやぶさ)'라는 이름을 붙였다. 한국인들이 돼지나 용이 꿈에 나오면 길몽이라 하는 것처럼 일본인들은 매와 일본에서 가장 높은 후지산, 가지가 꿈에 나오면 길하게 여긴다.

독수리 생존 전략은 성공했다

그렇다면 동물의 사체만 먹으며 사냥을 하지 않는 독수리는 맹금류 가운데 가장 못난 새일까? 조류 전문가들은 사냥으로 먹고살아 가야

철원에서 찍은 독수리들 ©국립생물자원관 강승구 연구원

하는 다른 맹금류와 달리 동물의 사체를 먹는 독수리 역시 자연에 잘 적
응한 종이라고 말한다. 강승구 박사는 독수리가 각박한 맹금류 간의 먹
이경쟁에서 살아남기 위해 지금의 습성처럼 진화한 경우로 보인다고 했
다. 동물의 사체를 발견하는 것도 가능성이 높은 일은 아니다. 하지만
발견하기만 하면 사냥하는 수고 없이도 먹잇감으로 삼을 수 있으니 동
물의 사체가 독수리에게 매력적인 먹이로 보였을 것이다. 봄철이면 머
나먼 몽골까지 날아가야 하는 독수리에게 월동지인 한국에서 먹이를 충
분히 섭취하는 것은 무엇보다 더 중요한 일이다.

　독수리는 사체에 생기는 바이러스로 인해 걸릴 수 있는 질병들에
면역이 되어 있는 데다, 어느 정도 부패한 상태의 사체는 충분히 소화할

수 있는 튼튼한 내장을 가지고 있다. 다른 맹금류들은 대부분 살아 있는 동물이나 곤충 등을 사냥해서 잡아먹는다. 매나 검독수리 등 다른 맹금류도 먹이를 구하기 힘든 겨울철에는 동물의 사체를 먹긴 한다. 하지만 독수리와는 달리 심하게 부패한 먹이를 먹었다가는 덜컥 탈이 나는 바람에 죽음을 맞게 되는 경우도 있다. 동물의 내장은 하루만 지나도 상하기가 쉬운데 독수리를 제외한 다른 맹금류들은 상한 내장을 소화할 수가 없기 때문이다. 죽은 지 얼마 안 된 사체를 발견할 확률보다는 부패한 사체를 찾을 확률이 높은 만큼, 독수리의 오래된 사체도 소화할 수 있는 강한 소화력은 생존 가능성을 높여 주는 무기가 된다. 독수리라는 종이 살아남을 수 있었던 것은 독수리가 찾아낸 독특한 생존 전략이 들어맞았기 때문이라고도 볼 수 있다.

육상의 맹수들 가운데 독수리와 비슷한 존재가 바로 '초원의 청소부' 하이에나다. 하이에나는 무리를 지어 사냥을 하기도 하지만 동물의 사체를 즐겨 먹는다. 다른 맹수들이 저마다의 사냥 방법을 가지고 있는 반면 하이에나는 다른 맹수들과 경쟁에서 이길 만한 특징이 없다. 사자처럼 드넓은 초원에서 무리 지어 사냥할 수도, 표범처럼 나무 위에 있다가 습격할 수도, 치타처럼 빠른 속도를 이용해 사냥할 수도 없는 하이에나로서는 다른 맹수들이 먹다 남긴 사체를 먹는 것이 가장 현명한 길이었을 것이다.

맹금류 새들도 마찬가지로 각자 선호하고 몸에 맞는 사냥 방식이 있다. 주로 쥐를 잡아먹는 말똥가리는 땅 위의 쥐를 잡아먹기에 편하도

록 정지 비행을 한다. 하늘에서 오래 지켜보다
가 쏜살같이 땅으로 내려와 쥐를 낚아챈다. 매
나 참매의 경우는 날아다니면서 사냥하는 것을 즐기는데 빠른 속도로
날아와 다른 새를 공격하곤 한다. 한국이나 몽골에서 매를 사냥에 이용
했던 것 역시 이런 습성을 이용한 것이다. 참매는 숲속에 숨어 있다가
급습하는 방식을 주로 사용하고, 매는 광활한 벌판과 해안가 절벽에서
사냥하는 것을 즐긴다. 매와 참매는 똑같이 살아 있는 조류를 주식으로
삼는데 경쟁 관계를 피하기 위해 서식 장소를 달리한 경우이다. 물수리
는 물고기를 잡아먹는 데 적합하게 진화한 맹금류라고 할 수 있다.

독수리도 극한 상황에서는 사냥을 할까?

그렇다면 독수리는 전혀 사냥을 하지 않을까? 독수리는 살아 있는
먹이를 사냥할 능력 자체가 없기 때문에 사냥을 하려 해도 대부분 실패
할 것이다. 굶주린 독수리가 배고픔을 견디다 못해 약한 염소 새끼를 물
어 가는 경우가 있다고는 하지만 확인된 사실이 아니고, 그렇다 해도 흔
한 일이 아닐 것이다. 일반적으로 독수리는 죽은 동물을 먹이로 삼는 동
물, 즉 스캐빈저(scavenger)라고 보는 것이 맞다.

하지만 국내 곳곳에서 벌어진 개발사업과 그로 인한 야생동물 감소
는 이렇게 자연에 잘 적응해 살아가던 독수리에게도 위협이 되고 있다.

동물 수가 줄어들다 보니 독수리의 주된 먹잇감인 동물 사체도 줄어들고 있기 때문이다. 국내에서 가장 많은 독수리가 겨울을 보내는 철원에서는 독수리가 굶지 않도록 돼지 사체를 통째로 밭에 뿌려 놓는 방식으로 먹이를 주기도 한다. 낙동강 주변 지역의 환경보존 업무를 맡고 있는 환경부 낙동강유역환경청에서는 독수리가 사체의 살코기 부분보다는 신선한 내장을 좋아한다는 점에 착안해서 2014년 초부터 그냥 버려지던 뉴트리아의 사체를 독수리에게 먹이로 주고 있다. 낙동강 인근 우포늪에서는 뉴트리아 퇴치를 위해 대대적인 사냥을 벌이고 있는데, 이때 확보한 뉴트리아의 사체를 냉동해 두었다가 해동해서 독수리 먹이로 주는 것이다.

독수리

독수리는 몽골, 시베리아 등에서 번식을 한 후 매년 10월 중순쯤 한국에 와서 2월쯤까지 겨울을 보낸 후 다시 북쪽으로 돌아가는 수릿과의 철새다. 국내에서는 철원에서 가장 많은 개체를 볼 수 있으며 이 밖에 파주와 낙동강 주변 등에서도 발견된다. 몸길이 100~110센티미터, 날개 길이 250~295센티미터, 몸무게 6.8~14킬로그램으로 국내에 찾아오는 수리 중 가장 큰 편이니 체격만큼은 새 중의 제왕이다. 머리 꼭대기와 목덜미의 살이 드러나 보이고 목에는 테를 두른 것처럼 솜털이 나 있다. 전 세계적으로 8,000~10,000마리만 남아 있는 멸종 위기종이다.

참고로 동물 연구자들은 맹금류인 새들에 대해 '수리과', '매과'라는 표현을 일반적으로 사용하고 있지만, 국립국어원의 표준국어대사전에서는 '수릿과', '맷과'를 표준어로 규정하고 있다. 발음상으로는 국립국어원의 표기가 맞긴 하지만 학술용어는 다르게 쓰이고 있는 만큼 정리가 필요해 보인다.

뉴트리아는 괴물일까?

억울한 뉴트리아

뉴트리아는 억울하다. 원해서 한국에 온 것도 아닌데 맞아 죽고, 포획틀에 갇혀 죽고, 박멸해야 할 대상이 된 것도 모자라 '괴물쥐'라는 별명까지 얻었기 때문이다. 선정적인 언론과 인터넷 게시물은 뉴트리아가 끼치는 피해를 과장해 '괴물쥐'라는 별명이 그럴듯하도록 만들고 있다. 남아메리카에서는 생태계의 정상적인 구성원이던 뉴트리아가 왜 한국에 와서 '괴물쥐'가 되었을까?

퀴즈: 생태계 교란종으로 지정된 뉴트리아 개체 수를 줄이는 방법으로 적절한 것을 고르시오.

① 덫으로 생포한 뉴트리아를 마취해서 항문을 봉합한 후 풀어 준다. 배변이 불가능하게 되어 극심한 스트레스를 받은 뉴트리아는 어린 새끼들을 잡아먹게 되므로 뉴트리아의 멸종을 유도할 수 있다.

② 현재처럼 뉴트리아를 잡아 오는 이들에게 2만 원 정도의 포상금을 주면서 개체 수를 줄이는 동시에 퇴치를 위한 인력을 동원해 줄여 나간다. 뉴트리아에게 고통을 주기는 하겠지만 환경 당국은 수년 안에 효과를 볼 수 있는 방법으로 기대하고 있다.

③ 현재처럼 뉴트리아를 살처분하되 고통을 당하지 않도록 인도적인 방법을 고안해 실시한다. 뉴트리아 수를 빠르고, 효과적으로 줄이되 불필요한 고통을 주지 않도록 노력하기 위한 연구가 필요하다.

④ 뉴트리아를 생포해 길고양이에게 시술하듯 중성화수술을 한 뒤 풀어 준다. 시간이 오래 소요될 수는 있겠지만 뉴트리아에게 별다른 고통을 주지 않고 확실하게 개체 수를 줄일 수 있는 방법이다.

　　퀴즈의 보기로 든 내용들은 '괴물쥐'라는 억울한 별명을 얻은 뉴트리아 수를 줄이기 위해 시도해 볼 수 있는 방법들이다. ①번은 2014년 10월 서울대학교의 한 연구자가 지역신문에 기고했다가 사회적인 논란을 일으켰던 내용이다. 지나치게 잔인한 방법인 탓에 뉴트리아 살처분에 동의하는 이들에게도 비난을 면치 못했다. ②번은 현재 환경 당국이 실시하고 있는 내용이고, ③번과 ④번은 뉴트리아가 불필요하게 당해야 하는 고통, 인간의 책임에 대해 고민하는 이들이 주장하는 내용들이다. 우리는 이 중에 어떤 답안을 골라야 할까? 뉴트리아가 어떤 동물이고, 한국에 어떻게 와서 생태계에 어떤 영향을 미치고 있는지를 알아보면 답은 저절로 나올지도 모른다.

뉴트리아를 왜 미워할까?

늪너구리라고도 불리는 뉴트리아가 괴물쥐로 불리며 사람들의 미움을 받는 이유는 쥐와 닮은 외양에 커다란 몸집 때문일지도 모른다. 뉴트리아의 앞모습만 보면 '크긴 하지만 귀여운데?'라고 생각하다가도 꼬리를 보는 순간 눈살을 찌푸리는 이들이 많을 것이다. 쥐꼬리와 거의 비슷한 모습이기 때문이다. 2013년 겨울 부산 강서구의 낙동강 하류 신덕 습지에서 처음 뉴트리아를 봤을 때도 '꼬리만 다른 모양이었어도 미움을 덜 받지 않을까?' 하는 생각이 들었다.

중국 장시성(江西省)의 작은 도시 시장에서 우리 안에 가둬 두고 뉴트리아를 파는 광경을 본 적이 있는데 징그럽다는 생각보다는 애처롭고 불쌍하다는 생각이 많이 들었다. 사실 멀리서 보면 뉴트리아는 물에 젖은 모양이 수달과 비슷하다. 뒷발에 물갈퀴도 있어서 수달로 오인하는 경우도 많다.

하지만 뉴트리아가 괴물쥐가 된 진짜 이유는 역시 뉴트리아로 인한 피해가 부풀려졌기 때문이다. 일부 언론이 만들어 내고, 인터넷 게시판에서 확산되고 있는 뉴트리아에 대한 오해와 과장으로는 '뉴트리아는 닥치는 대로 농작물을 먹어 치운다.', '사람을 공격해서 손가락을 물어 버린 일도 있다.', '뉴트리아가 있는 지역은 습지가 초토화된다.' 같은 이야기들이 있다. 뉴트리아가 외래종이고, 토종 생태계를 위협하는 생태계 교란종인 탓에 정부가 박멸 대상으로 삼고 있는 것은 사실이지만 이런

꼬리만 다른 모양이었어도 미움을 덜 받지 않을까? ⓒ낙동강유역환경청

이야기들은 모두 지나치게 과장되었다.

환경부 국립환경과학원이 2013년 말 집계한 내용에 따르면 정부, 지자체에 신고된 뉴트리아로 인한 농작물 피해는 단 4건뿐이었다. 현재 살고 있는 낙동강 등의 하천 주변 습지에 뉴트리아가 좋아하는 먹이가 풍부한데 굳이 논밭까지 가서 먹을 것을 찾을 이유가 없다 보니 농작물 피해가 많지 않은 것이다. 신고된 피해 사례들은 하천 주변에 많은 미나리밭에서 뉴트리아가 미나리를 뜯어 먹었다는 내용들이다. 물론 뉴트리아를 수달로 오인한 농민들이 피해를 신고하지 않았거나, 나이가 많은 농민들이 피해를 입고도 신고 절차를 몰라 보상 신청을 하지 않았을 수는 있다.

온순한 뉴트리아

초식 위주의 잡식성 동물인 뉴트리아가 사람을 공격한다는 것도 근거 없는 이야기이다. 뉴트리아는 기본적으로 온순한 동물이고, 먹이를 먹을 때 사람이 다가가면 알아차리지도 못하고 가만히 먹이만 먹고 있는 경우도 많다. 낙동강에서 본 포획틀 속의 뉴트리아도 겁을 잔뜩 먹은 채 꼼짝도 못하는 모습이었다. 인터넷에 떠도는 공격적인 모습과는 거리가 멀었다. 다만 반려동물인 개나 고양이도 사람이 때리려고 하면 공격성을 나타낼 때가 있는 것처럼 사람이 때려잡으려고 할 때 뉴트리아가 반응한 것이 부풀려졌을 가능성은 있다.

국내에 서식하는 뉴트리아 ©낙동강유역환경청

　　아직까지 국내에서는 뉴트리아로 인해 습지 면적이 줄어들었다거나 토종 식물이 급감했다는 사례도 확인되지 않았다. 미국의 경우 뉴트리아 개체 수가 너무 많아지면서 습지 면적이 절반으로 줄어든 경우가 있긴 하지만 한국은 그 정도로 심각한 상태는 아닌 것으로 보인다. 환경부와 지방자치단체들이 현재 실시하고 있는 뉴트리아 퇴치 작업은 피해가 심하기 때문에 실시한다기보다는 앞으로 피해가 커질 수도 있으니 미리 예방하자는 것에 가깝다. 인터넷에 떠도는 '뉴트리아가 국내에 10만 마리도 넘게 산다.'는 헛소문과 달리 낙동강유역환경청은 국내에 서식하는 뉴트리아 수를 8,000~10,000마리로 추산하고 있다.

사실 뉴트리아보다 더 심각한 문제를 일으킬 가능성이 높은 외래종은 뉴트리아와 비슷한 겉모습에 크기는 10분의 1 정도인 사향쥐라고 보는 전문가들도 있다. 외국에서는 이미 사향쥐가 생태계를 교란하고, 농작물에 피해를 끼치는 사례들이 보고되고 있는데 사향쥐는 뉴트리아보다 더 작아서 포획하기도 힘들고 번식력도 강하다. 뉴트리아의 경우와 비슷하게 수익성이 떨어지면서 사육을 그만두려는 농가들이 많은 탓에 환경부는 이 농가들을 집중 관리하고 있다.

원래 북아메리카와 유럽에 주로 서식하는 사향쥐를 농가들이 기르기 시작한 것은 생식기와 항문의 분비샘에서 천연 사향이 나오기 때문이었다. 사향은 사향노루의 사향샘을 건조하여 얻는 고가의 향료인데 사향노루가 국제적으로 거래가 금지된 탓에 사향쥐가 대체재로 관심을 받게 된 것이다.

한 마리당 100만 원에 달하는 비싼 가격이었지만 2005년쯤 100곳이 넘는 농가들이 분양을 받아 사육을 시작했고, 사육되는 개체 수는 2008년 10,000여 마리로 늘어났다. 수입을 늘리기 위해 외국에서 들여온 후 돈이 안 된다고 천덕꾸러기 취급을 하는 것이니 뉴트리아와 비슷한 사례이다.

사향쥐 ⓒ국립환경과학원

뉴트리아는 한국 이민을 원하지 않았다

뉴트리아가 처음 한국에 들어온 것은 1980년대이다. 가죽을 모피로 이용하고, 고기를 식용으로 판매하기 위해 농가들이 원산지인 남아메리카에서 들여와 사육한 것이다. 하지만 뉴트리아 모피와 고기가 잘 팔리지 않자 사육을 포기하는 농가들이 늘어나기 시작했다. 뉴트리아 고기를 맛본 이들은 닭고기와 비슷한 맛이라고들 하지만 한국인들 중에는 '커다란 쥐'를 먹고 싶어 하는 이들이 많지 않았기 때문일 것이다. 모피 역시 마찬가지였을 것으로 짐작된다.

결국 방치된 뉴트리아, 또는 농가에서 탈출한 뉴트리아는 경상남도 지역에서 조금씩 수를 불리기 시작했다. 뉴트리아가 사회적인 관심을 받기 시작한 것은 2006년 창녕 우포늪에서 뉴트리아가 발견되면서부터. 특히 낙동강 주변 지역의 지자체들과 환경부 낙동강유역환경청은 뉴트리아를 생태계 교란종으로 보고 포획해서 없애기 위해 애쓰고 있다. 지자체들마다 다르긴 하지만 뉴트리아 한 마리를 잡아 오면 일정 금액의 포상금을 지급했다. 몽둥이로, 포획틀로, 사냥개를 동원한 사냥으로 2011년부터 2014년 10월까지 부산·창원·진주 등 주변 지역에서 잡힌 뉴트리아 수는 모두 7,480마리에 달한다. 2007년부터 2014년 초까지 우포늪에서 잡힌 수는 326마리이다.

2014년 겨울부터 화포천습지에서는 뉴트리아를 잡으면 소각하고 끝내는 것이 아니라 일부를 냉동해 뒀다가 겨울 철새인 독수리에게 먹이로 주고 있다. 사체의 내장을 파먹는 것을 즐기는 독수리에게 뉴트리아는 좋은 영양원이 될 수 있다는 발상에서 나온 조치이다.

　뉴트리아 개체 수가 끝도 없이 늘어나 미국에서처럼 습지를 파괴하는 피해를 입힐 가능성에 대해서는 의견이 엇갈린다. 아직까지는 뉴트리아가 한국의 매서운 겨울을 버티지 못해 미국처럼 급증하는 일은 없을 것으로 보이기 때문이다. 원래 남아메리카에 살던 동물이다 보니 겨울 동안 얼어 죽는 경우가 많다. 국립환경과학원이 부산·양산·창녕·함안·밀양 등 뉴트리아가 많이 관찰된 5개 지역에서 서식 밀도를 조사한 결과를 보면 2010년 3.89개체, 2011년 2.90개체, 2012년 1.39개체로 점점 밀도가 줄어드는 추세다. 하지만 굴을 파고 사는 뉴트리아가 한국의 겨울에 적응한다면 빠르게 증가할 수도 있다는 주장 역시 말이 안 되는 것은 아니다. 실제로도 겨울에 모든 뉴트리아가 얼어 죽지는 않고 일부가 살아남아 다음 해 봄부터 다시 번식을 해 수를 불리기 때문이다.

　뉴트리아는 특히 외래 동식물이 한반도 생태계에 침입, 교란시키고 있다는 이야기에 주로 등장하는 단골손님이기도 하다. 2014년 9월 국회 국정감사 자료로 환경부가 제출한 내용에는 뉴트리아가 충청북도 충주에까지 나타났으며 서울 상륙까지 133킬로미터밖에 안 남았다는 내용이 언급되기도 했다.

뉴트리아는 살고 싶다

낙동강에 가서 포획틀에 갇힌 뉴트리아를 볼 때만 해도 '불쌍하기 때문에 더욱더 빨리 뉴트리아를 박멸해야 하는 것 아닐까?' 싶었다. 더이상 한국에서 태어나 맞아 죽고 굶어 죽으며 고통받는 뉴트리아를 늘리지 않는 것이 최선은 아니지만 차선일 수 있겠다는 생각이었다. 하지만 계명대학교 생물학과의 김종원 교수가 페이스북과 라디오방송을 통해서 환경 당국의 뉴트리아에 대한 대응을 비판한 내용을 보고는 뉴트리아가 파 놓은 구멍에라도 숨고 싶을 만큼 부끄러웠다. '빨리 없애야 한다.'는 생각이 얼마나 사람의 편의만 생각한 인간 중심적 사고였는지를 깨달았기 때문이었다.

김 교수는 낙동강유역환경청과 지자체들에 대해 뉴트리아를 잡아 죽이는 것은 비인도적이고, 불필요한 일이라고 주장하고 있다. 길고양이의 수를 줄여 고통을 덜어 주기 위해 중성화수술을 하듯 뉴트리아를 잡아 중성화수술을 해 자연스럽게 개체 수를 줄이면 된다는 것이다. 뉴트리아의 고통을 최소화하면서도 불필요한 살육을 막는 방법인 셈이다. 뉴트리아의 중성화수술 이야기를 들었을 때 망치로 머리를 얻어맞는 것 같았다. 뉴트리아의 억울함만 생각했지 살아 있는 생명체면 당연히 고통을 받고 싶지 않고, 죽고 싶지 않다는 단순한 사실을 모른 척했구나 하는 생각도 들었다.

뉴트리아뿐 아니라 생태계 교란종으로 지정된 동물들은 대체로 사실과 다른 누명을 뒤집어쓰고 필요 이상의 미움을 받는 일이 많다. 대표적인 생태계 교란종인 붉은귀거북도 물고기를 잡아먹어 토종 물고기의 씨를 말린다는 오해를 받고 있는데 이는 사실과 다른 내용이다. 붉은귀거북은 어렸을 때는 육식이지만 커서는 초식으로 변하기 때문에 물고기 씨를 말린다는 것은 과장된 표현이다. 멧돼지가 땅을 파헤쳐 산림 생태계를 망친다는 것 역시 눈에 보이는 것만 생각한 오해이다. 멧돼지가 땅을 파헤치면서 토양에 산소가 제공되고, 기존의 식물 외에 다른 식물이 자라나게 함으로써 생물다양성을 높인다는 연구 결과도 여럿 나와 있다.

그렇다면 글 첫머리에 제시한 퀴즈의 답은 무엇이 되어야 할까? 뉴트리아도 살아 있는 생명체이고, 고통 없이 더 오래 살고 싶어 할 것이라는 점을 생각하면 자연스럽게 답은 나올 것이라 믿는다. ①번과 ②번이 아닌 ③번과 ④번 사이의 어느 지점에서 한국 사회가 답을 찾아낼 것이라 믿어 보고 싶다.

뉴트리아

원산지는 남아메리카의 아르헨티나와 칠레이고, 설치목 뉴트리아과의 포유류 동물이다. 몸의 길이는 40~60센티미터, 꼬리의 길이는 35센티미터 정도로 뒷발 발가락 사이에 물갈퀴가 있어 수영을 할 수 있다. 몸무게는 보통 5~10킬로그램으로 연못이나 하천 주변 습지에 굴을 파고 사는 경우가 많다. 한 해에 새끼를 2~3번 낳고, 한 번에 낳는 새끼의 수는 1~10마리이다. 수명은 2~3년이며 습지 주변의 식물 뿌리를 즐겨 먹는다. 남아메리카에서는 흔한 동물이었으나 털가죽을 얻기 위한 사냥으로 수가 줄어들었다. 오히려 사육 도중 야생으로 방사된 탓에 미국, 캐나다, 유럽, 한국 등 세계 곳곳에서 볼 수 있게 되었다.

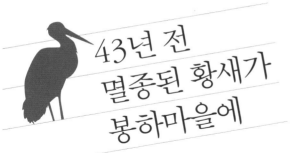

43년 전
멸종된 황새가
봉하마을에

황새 봉순이

경상남도 김해 진영읍의 작은 하천 화포천에는 사람들의 마음을 애타게 만드는 귀한 손님이 있다. 때로는 아무렇지도 않게 사람들 앞에 모습을 드러내지만, 때로는 한 달씩 집을 비우고 어디론가 가 버려서 무슨 일이라도 생긴 게 아닐까 걱정을 하게 만든다. 이렇게 제멋대로인 손님은 바로 일본에서 건너온 황새 '봉순이'다.

2014년 8월 봉순이, 그리고 이 황새를 '스토킹'하며 관찰하는 조류 연구가 도연 스님을 만나러 화포천 인근 봉하마을에 갔을 때도 봉순이는 둥지를 비우고 어디론가 긴 나들이를 떠나 있었다.

사람 입장에서야 야속하게 느껴질 수도 있지만 황새에게는 황새의

먹이를 먹는 봉순이 ⓒ도연 스님

사정이 있다. 농약을 치지 않은 논에 가야 미꾸라지나 개구리 등의 먹잇
감을 찾을 수 있으니 봉순이로서는 필사적으로 '깨끗한 논'을 찾아다닐
수밖에 없다.

일본에서 800킬로미터를 날아온 귀한 손님

한국에서는 이미 1970년대에 멸종된 황새가 40여 년 만에 다시 모
습을 나타낸 것은 2014년 3월 18일이었다. 화포천생태학습관 연구자들
은 이날 황새를 발견하고 황새 발목에 끼워진 가락지 형태의 인식표에
새겨진 일련번호 'J0051'을 확인했다. 'J'라는 글자가 일본에서 끼워 보낸

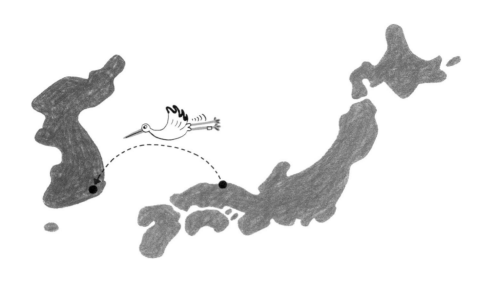

가락지라는 것을 뜻하기 때문에 연구진은 바로 일본의 황새마을인 효고현 도요오카시에 이 황새에 대해 문의했다.

　일본 연구진은 이 일련번호가 2012년 4월 도요오카에서 태어나 2013년에 방사한 암컷 황새의 번호인 것을 확인했다. 한국에서도 귀한 손님인 황새를 반기며 기뻐했고, 일본 도요오카시와 연구진은 아예 축제 분위기에 젖어들었다. 인공 증식해 방사한 황새가 멀리 한국까지 날아갈 정도로 건강하게 지내고 있다는 사실이 확인됐기 때문이었다. 그도 그럴 것이 일본에서 방사한 황새가 외국에서 발견된 것은 이때가 처음이었다.

　도요오카시 어린이들은 이해 여름방학 때 일본에서 한국으로 건너간 황새를 보러 화포천을 직접 찾아왔고, 한국에서 황새를 연구하는 이들을 학술발표회에 초대하기도 했다. 2014년 10월에는 도요오카시 시장이 화포천을 찾아 인근 봉하마을 주민들과 만나기도 했다. 조류 연구자들이 로또 당첨을 바라는 심정으로 끼워 보내는 가락지가 한국과 일본에 황새를 통한 인연을 만들어 준 셈이다.

황새는 20세기 초반까지만 해도 국내에 흔한 새였다. 하지만 농약과 환경오염으로 인해 1950~1960년대 빠르게 수가 줄어들었고, 텃새로서 황새는 1971년에 멸종했다. 그 후로 겨울철 러시아에서 내려와 순천만 · 백령도 · 천수만 등에서 월동하는 개체들이 이따금 확인되었다.

마지막 야생 황새 한 쌍은 1971년 충북 음성에서 확인됐다. 그러나 동아일보가 1면에 1971년 4월 1일 황새 한 쌍이 음성군에서 발견되었다는 기사를 낸 지 사흘 만에 밀렵꾼이 수컷 황새를 쏘아 죽였다. 혼자 남은 암컷 황새는 1983년 농약을 먹고 다 죽어 가는 상태로 발견되었다. 이 황새는 서울대공원으로 옮겨진 후 1994년 세상을 떠났는데 황새가 죽은 다음 날 여러 신문에 이 황새의 죽음을 전하는 기사가 실리기도 했다. 정치인이나 유명인이 아니고서야 웬만해서는 실리기 힘든 부음(訃音: 사람이 죽었다는 것을 알리는 말이나 글) 기사에 큼지막한 사진까지 실렸으니 마지막 황새의 죽음을 언론도 중요한 일이라 여긴 것이다. 동아일보 1면 기사나 부음 기사나 모두 한국인의 황새를 사랑하는 마음 덕분에 나올 수 있었던 것이 아닐까 싶다.

　일본에서도 우리와 비슷한 시기인 1970년 초에 야생 황새가 멸종
했다. 그러나 한국이 황새가 완전히 멸종된 후 복원 노력을 시작한 반면
일본은 황새가 멸종될 위기였을 때 복원 연구를 시작했다. 덕분에 일본
에서는 1985년부터 단계적으로 방사를 시작할 수 있었다. 봉순이의 고
향인 황새마을 도요오카에서는 논을 유기농으로 바꾸고, 습지를 복원하
는 노력을 기울였다. 새들이 날아다니다 부딪히면 치명적인 부상을 입
게 되는 전선을 지중화하는 등 세심한 배려로 2014년 7월 야생에 방사
한 황새의 수는 85마리까지 늘어났다. 한국에서는 한국교원대학교 황새
생태연구원이 러시아에서 황새를 들여와 156마리까지 인공 증식했다.

봉순이와 고 노무현 대통령의 인연

　그렇다면 살기 좋은 황새마을을 떠나 먹잇감이 더 풍부한 곳을 찾
아 먼바다를 건너왔을 봉순이는 왜 하필 화포천 습지에 머무르고 있을
까? 주민들이나 국내 처음으로 야생 황새의 생태에 대해 연구 중인 도연
스님은 봉순이가 화포천습지를 터전으로 삼은 것이 고 노무현 대통령과
인연이 있다고 보고 있다. 노 전 대통령의 넋이 돌아온 것이라는 감상적
인 이야기가 아니라 노 전 대통령이 화포천을 복원하는 동시에 인근 마
을에 오리를 사용한 유기농법을 적극 권장한 덕분이라는 것이다.

도연 스님은 "봉하마을과 주변 마을의 논에는 농약을 사용하지 않는 덕분에 미꾸라지 · 개구리 · 드렁허리(논장어라고 불리는 민물고기)처럼 황새의 먹잇감이 되는 동물이 많이 살고 있어요. 봉순이에게 매력적으로 느껴졌을 가능성이 높죠. 복원되기 전처럼 쓰레기로 뒤범벅되고, 물도 탁했던 7년 전의 화포천 모습 그대로였다면, 농약도 계속 사용하고 있었다면 황새가 봉하마을을 찾아왔더라도 바로 떠나갔을 거예요."라고 말했다. 봉하마을 주변에는 약 70만 평의 논에서 유기농법이 사용되었는데, 황새 한 쌍의 생존을 위해서는 약 50만 평의 농약을 사용하지 않는 논이 필요하다.

마을 주민들로서는 황새가 나타난 것이 반가울 수밖에 없다. 그만큼 자연이 되살아나고, 동물들이 살아갈 만한 좋은 환경이 되었다는 살아 있는 증거가 되기 때문이다. 봉하마을 주민들은 황새를 위해 망을 보기도 하고, 불법으로 물고기를 잡는 사람들을 쫓아내고 있다. 봉하마을뿐 아니라 화포천 주변의 다른 마을에서도 유기농법에 관심을 보이는 곳이 늘어나고 있다. 도연 스님과 마을 주민들은 봉하마을을 찾아온 황새라는 의미에서 '봉순이'라는 다소 촌스럽지만 정감 어린 이름을 붙여 주기도 했다.

하지만 모든 논이 농약을 사용하지 않는 것도 아니고, 유기농 농약을 쓰는 곳도 있다 보니 봉순이가 화

봉하마을을 찾아온 황새 봉순이 ⓒ도연 스님

포천을 벗어나 다른 지역에 갔다가 오는 경우도 많다. 2014년 9월에도 봉순이는 한 달 동안이나 모습을 나타내지 않아 사람들의 애를 태웠다. 다시 나타났다가도 금방 모습을 감추기 십상이니 '밀당'의 고수 중에서도 고수가 아닌가 싶다. 도연 스님은 "봉순이가 점점 행동 영역을 넓혀 나가는 것 같아요. 화포천 근처에도 아직 농약을 치는 곳이 남아 있어서 안 치는 곳으로 찾아다니는 듯도 하고요."라고 설명했다.

봉순이를 위한 보금자리

그런 봉순이를 위해 사람들은 작은 배려로 높이 20미터 장대에 둥지를 매달아 세워 놓았다. 도연 스님은 봉순이를 관찰하던 중 봉순이가 둥지 재료를 모으는 것을 보고는 '사람이 해 줄 수 있는 일이 있겠구나.' 하는 생각이 들었다고 한다. 일본 황새마을처럼 둥지를 만들어 주면 봉순이가 좀 더 편안히 쉴 수 있겠다는 생각에 모금을 시작했고, 김해시청도 예산을 투입하기로 했다. 둥지를 달아 놓은 장대 길이가 20미터나 되는 것은 황새가 주변에서 가장 높은 곳에 둥지를 트는 습성이 있기 때문이다. 땅에 박히는 부분을 빼도 보통 전봇대 높이인 15미터보다 좀 더 높아지려면 20미터 정도의 긴 장대를 사용해야 한다.

물론 봉순이가 애써 세워 놓은 인공 둥지를 본체만체하며 이용하지 않을 수도 있다. 중국에서는 인공 둥지에 황새가 정착하기까지 7년이 걸렸다. 게다가 봉순이가 언젠가는 일본으로 돌아가 버릴 수도 있다. 일본에서 화포천으로 온 것이 봉순이 마음대로였듯, 떠나는 것도 봉순이 마음대로일 뿐이다. 하지만 도연 스님과 주민들은 황새가 찾아온 것 자체가 생태계가 살아나고 있다는 뜻이기에 황새가 떠나간다 해도 다시 돌아올 것을 기대한다. 일본 도요오카에서 방사한 황새들이 일본 전국으로 퍼져 나가 살고 있는 점을 감안하면 봉순이가 화포천 주변에 정착할 가능성도 없는 것은 아니다.

만약 봉순이가 한국에서 인공 증식한 수컷 황새를 짝으로 받아들인다면 한국의 야생 황새가 빠르게 늘어나게 되는 계기가 될 수도 있다. 야생에서 사는 황새의 평균수명이 20~30년임을 생각하면 이제 2년생인 봉순이는 20년 넘게 화포천에서 살아갈 수도 있을 것이다. 도연 스님

봉순이를 위해 세운 인공 둥지 ⓒ도연 스님

봉순이가 개에게 겁을 주고 있다. ⓒ도연 스님

은 화포천 주변과 일본 황새마을의 자연환경이 비슷한 점에 기대를 걸고 있다. 그는 "일본 황새마을의 자연환경은 복원된 화포천과 봉하마을의 현재 모습과 비슷한 점이 많았어요. 봉순이가 계속 화포천에 살지는 아무도 알 수 없지만, 적어도 봉하마을 주변이 황새에겐 한국에서 가장 살 만한 곳으로 여겨지는 것만은 확실한 것 같네요."라고 말했다.

그리고 봉순이와 도연 스님을 만나러 다녀온 지 3개월쯤이 지난 2014년 11월 말 화포천과 주변 지역이 황새들이 좋아할 만한 곳이라는 사실을 증명하는 소식들이 잇따라 들어왔다. 11월 초 이 지역에서 무려

3마리의 황새가 추가로 확인된 것이다. 먼저 확인된 황새는 2014년 4월 충북 청주 한국교원대학교의 황새복원센터에서 탈출한 암컷이었다. 황새복원센터에서는 생후 1년 된 이 황새가 탈출 당시 다리에 상처가 있었기 때문에 야생에 적응하기가 힘들 것이라 생각했다고 한다. 하지만 이 황새는 7개월 만인 2014년 11월 화포천에 건강한 모습으로 나타나 봉순이와 어울려 다니고 있다. 황새복원센터는 이 황새에게 청주에 있는 하천인 미호천의 이름을 따 '미호'라고 이름 붙여 주었다.

비슷한 시기에 나타난 2마리의 황새는 멀리 러시아 시베리아에서 날아온 야생의 수컷 황새 2마리였다. 이들이 봉순이, 미호와 짝짓기를 해서 성공할 경우 뜻하지 않게 야생 황새가 화포천 주변에서부터 복원될 수도 있는 셈이다. 4마리 황새는 봉하마을과 주변의 하동, 고성까지 넓은 지역을 함께 어울려 날아다니고 있다. 바닷가에 가서는 바닷게를 잡아먹기도 하고, 기수역(汽水域: 민물과 바닷물이 만나는 지역으로 다양한 생물종이 서식하고 있다.)에서는 송어나 뱀장어를 잡아먹는 모습도 목격됐다. 도연 스님은 "일본 연구자들이 와서는 바닷게를 먹는 걸 보고 신기해하더라고요. 일본에서는 그런 모습을 본 적이 없대요."라고 전한다. 멀리 일본, 러시아부터 가까이는 청주에 있던 황새들이 서로 연락을 한 것도 아닐 텐데 화포천과 주변 지역에 와서 만나게 된 것은 참 신기한 일이다. 이 지역이 먹을거리가 풍부하고, 바다와도 가까워서 황새들에게 매력적으로 느껴졌을 것이라고 추측한다. 사람들의 잘못으로 사라져 버렸던 황새가 다시 사람들의 노력으로 돌아오고, 복원되는 기쁜 상상이 하루빨리 실현되기를 설레는 마음으로 기원해 본다.

황새

황새목 황샛과의 새로 러시아, 중국, 대만, 홍콩, 일본 등에 서식하고 있다. 전 세계에 2,500마리 정도밖에 남아 있지 않은 국제적 멸종 위기종이다. 잡식성으로 물고기, 개구리, 무척추동물, 쥐, 뱀을 주로 먹는다. 비슷한 외양의 두루미, 백로, 왜가리와 다르게 맹금류처럼 공격적인 성향이 강한 편이다. 봉순이 역시 봉하마을의 동네 개들을 겁내지 않고, 오히려 날갯짓을 하며 겁을 줘 쫓아 보내는 모습이 목격되기도 했다.
황새는 한국뿐 아니라 동서양을 통틀어 복되고 길한 존재로 여겨져 왔다. 옛 선조들은 특히 황새가 푸른 소나무 위에 앉아 있는 모습을 학으로 착각하여 많은 서화에 담았다. 서양에서 황새는 행복과 고귀함을 상징하는 새였다. 유럽의 전설이나 동화, 요즘에는 만화에서 흔히 볼 수 있는 '아기가 든 광주리를 물고 날아오는 새'도 바로 황새이다.

황새, 두루미, 백로, 왜가리의 차이점

황새나 두루미 같은 새를 보면 대부분의 사람들이 '학'이라고 생각할 뿐 잘 구별하지 못하는 경우가 많다. 수가 비교적 적은 두루미나 멸종한 황새와 달리 백로나 왜가리는 전국 곳곳에서 흔히 볼 수가 있어서 더욱 헷갈린다. 옛 날부터 '학(鶴)'이라고 불리며, 옛 선비들이 사랑했고, 십장생(十長生: 오래도록 살고 죽지 않는 열 가지 동식물 및 무생물로 해, 산, 물, 돌, 구름, 소나무, 불로초, 거 북, 학, 사슴을 말한다.)에도 포함되어 있던 새는 사실 두루미이다. 황새, 두루 미, 백로, 왜가리 중에 몸길이는 두루미가 가장 크고, 생김새가 비슷한 황새 가 다음으로 크다. 사실 왜가리와 백로는 여름 철새인 탓에 이전에는 겨울 철 새인 두루미와 같은 시기에 볼 일이 없었다. 하지만 어느새 일부가 국내에서 월동하면서 텃새화되었고, 사람들이 학으로 혼동하는 경우도 늘어났다.

두루미와 다른 새들의 가장 큰 차이점은 몸길이다. 두루미는 몸길이가 1.4미터 정도이며 날개를 편 길이는 2.4미터에 달한다. 황새는 몸길이가 1미 터, 왜가리는 97센티미터 정도이고 백로 중에 중대백로는 87센티미터 정도,

▶ (왼쪽부터) 흑두루미, 두루미

쇠백로·황로·해오라기는 55~65센티미터이다. 유심히 보면 크기만으로도 두루미를 구분해 내는 것이 가능하다.

황새는 몸 빛깔이 두루미와 가장 비슷하나 높은 나무 위에 둥지를 트는 습성이 있다. 두루미는 주로 습지와 밭에서 먹이 활동을 하고, 습지 주변의 물이나 땅 위에 마른 갈대나 풀줄기를 이용해 둥지를 만든다. 언젠가 야생 황새의 수가 늘어난 후 논이 많은 지역에서 학처럼 보이는 새가 높은 나무 위에 있다면 두루미가 아닌 황새라고 생각하면 된다.

백로와 왜가리 역시 나무 위에 둥지를 만든다. 백로류 중 중대백로·중백로·쇠백로·노랑부리백로 등 4종은 몸 빛깔이 하얗고, 왜가리는 회색 빛깔이다. 국립환경과학원 자료를 보면 일반적으로 왜가리와 중대백로는 6~10미터 이상의 높은 곳에 둥지를 틀고, 쇠백로·황로·중백로는 이보다 낮은 나무에 둥지를 만든다. 해오라기는 3.7~9.7미터 사이 다양한 높이에 둥지를 트는 습성이 있다.

▶ (왼쪽부터) 왜가리, 중대백로, 황새

죽어 가는 동물들

"차라리 빨리 죽여 줘."라고 말하고 싶었다. 토끼 눈꺼풀을 고정해 놓고 자극에 민감한 안구에 화장품 원료를 바른다. 토끼는 극도의 고통을 느끼게 되지만 눈을 감을 수조차 없다. 발이 닿지 않는 목이나 등에 일부러 상처를 낸 뒤 화장품 원료를 발라 염증이 생기는지 보기도 하고, 좁은 우리에 가두고 헤어스프레이를 계속해서 뿌리는 자극성 실험도 한다. 인간의 잔인한 동물 학대는 오래전부터 있었다. 이제 그들의 고통을 생각해 보아야 하지 않을까?

진공관 안의 새 한 마리 실험(요셉 라이트, 1768년).
우리는 동물이 받는 고통에 대해 생각해 보는가?

동물실험은 고문이다

죽음보다 큰 고통

공포에 질린 '그'를 강제로 끄집어낸 '교도관'은 그가 눈을 감지 못하도록 눈꺼풀을 고정한 채 뭔지 알 수 없는 물질을 안구에 발랐다. 그는 너무 아팠지만 눈을 깜빡이는 것조차 불가능했다. 바로 옆에서도 지독한 일이 벌어지고 있었다. 교도관은 그와 함께 있던 '친구'의 목과 등에 일부러 상처를 낸 뒤 역시 무언가를 발라 놓았다. 얼마 지나지 않아 상처 부위에 염증이 생겼는지 부어오르면서 벌겋게 변했다. 바로 옆 좁은 방에서는 또 다른 친구를 향해 무언가 알 수 없는 가스가 끊임없이 쏟아져 나왔다. 그와 친구들은 "차라리 빨리 죽여 줘."라고 말하고 싶었다.

화장품에도 윤리가 있다!

나치 독일의 유대인 수용소 아우슈비츠나 일본 관동군의 731부대에서 자행된 비인간적인 실험, 고문 묘사가 아니다. '그'와 '친구'를 토끼로 바꾸고 '교도관'을 연구자로 바꾸면 이 묘사는 국내 화장품 업체의 자체 연구 시설이나 용역을 받은 연구소에서 흔하게 벌어지는 동물실험 이야기가 된다. 화장품에도 윤리적 화장품과 비윤리적 화장품이 있는 이유다.

화장품 원료가 인체에 해가 없는지 알아보는 동물실험에는 토끼와 기니피그, 쥐 등의 체구가 작은 동물이 주로 쓰인다. 토끼 실험에서는 눈꺼풀을 고정해 놓고 자극에 민감한 안구에 화장품 원료를 바른다. 토끼는 극도의 고통을 느끼게 되지만 눈을 감을 수조차 없다. 발이 닿지 않는 목이나 등에 일부러 상처를 낸 뒤 화장품 원료를 발라 염증이 일어나는지 보기도 하고, 토끼를 좁은 우리에 가두고 헤어스프레이를 계속해서 뿌리는 자극성 실험도 한다.

실험 과정에서 느끼는 고통은 동물마다 다르고, 실험에 사용된 물질이 무엇인지에 따라 다르지만 대다수 동물들이 겪게 되는 운명은 크게 다르지 않다. 끔찍한

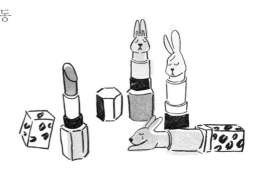

실험을 당한 토끼가 고통받고 있다. ⓒ카라

고통을 겪으며 신체가 손상된 끝에 결국 안락사된다. 안락사되기 전 실
험 과정에서 생명을 잃는 경우도 많다. 기니피그의 입에 독성이 있는 원
료 물질을 투입했을 때 죽는지, 독성이 어느 정도 있는지 판단하기 위해
'실험'을 자행한다. 새 화장품을 개발하면서 새로 쓰이는 원료가 안전한
지를 동물에게 실험해 안전성을 확인하는 것이다. 144명의 목숨을 앗아
간 가습기 살균제에 포함된 독성물질 CMIT(클로로메틸이소치아졸리논),
MIT(메틸이소치아졸리논) 역시 흰쥐 실험을 통해 독성이 확인됐다. 입으
로 투입하고, 코로 흡입하게 하고, 피부에 바르는 실험을 통해 다수의
흰쥐가 목숨을 잃으면서 말이다.

매년 100만 마리가 죽는다

동물실험을 통해 죽어가는 동물은 매년 400만 마리가 넘는다. 농림축산검역본부에 따르면 2011년 의약품·화장품 실험에 희생됐던 동물은 150만 마리가량이었다. 그 수는 2016년 약 287만 마리, 2020년 약 414만 마리로 급증하는 추세다. 2013년 4월 연세대 세브란스병원에 아시아 최대의 동물실험기관이라는 에비슨의생명연구센터가 만들어지면서 동물보호단체들의 강한 반대에 부딪히기도 했다. 아시아 최대라는 말은 아시아에서 가장 많은 동물에게 고통을 주는 곳이라는 이야기가 될 수도 있다.

그런데 문제는 이렇게 많은 동물에게 고통을 주고 죽이면서 실험하는 내용이 사람에게 실제 적용되는 비율이 매우 낮다는 것이다. 동물보호단체들은 실험의 10퍼센트 정도만이 사람에 적용할 수 있는 의미 있는 수준이라고 보고 있다. 나머지 90퍼센트의 실험은 불필요한 과잉 실험, 즉 쓸데없이 동물에게 고통만 안겨 줄 뿐이다. 살아 있는 토끼를 대상으로 한 실험은 이미 국제적으로도 불필요하다는 인식이 널리 퍼지고 있다. 유럽연합(EU)은 2013년 3월부터 동물실험을 한 화장품의 광고·시판을 금지했다. 국내에서도 2016년 화장품법이 개정되면서 '동물실험을 한 화장품 또는 원료를 사용하여 제조하거나, 제조된 화장품의 유통·판매를 원칙적으로 금지'하고 있다.

학대로부터의 자유

다행히도 동물자유연대나 카라 등 동물보호단체들이 벌이고 있는 크루얼티프리(CRUELTY FREE: 잔인함. 학대로부터의 자유) 운동에 공감하는 사람들도 점점 늘어나고 있다. '내가 쓰는 화장품 때문에 동물들이 불필요한 고통을 당하지 않았으면 좋겠다.'는 생각이 국내에서도 대세가 되고 있다.

동물자유연대가 2011년 6월부터 4개월 동안 시민 3,052명을 대상으로 실시한 설문조사에서는 응답자의 97.4퍼센트가 동물실험을 거치지 않은 제품을 선호할 의향이 있다고 답했다. 동물실험을 거친 화장품과 그렇지 않은 화장품 중 선호하는 것에 대한 질문에는 45.1퍼센트가 동물실험을 거친 제품은 절대로 사용하지 않는다고 답했고, 품질이나 가격대가 비슷하다면 동물실험을 하지 않는 제품을 쓰려고 노력한다는 응답이 36.9퍼센트였다. 80퍼센트 이상의 응답자가 동물실험에 대해 부정적으로 생각하고 있었다. 반대로 동물실험에 대해 크게 신경 쓰지 않는다는 응답자는 6.7퍼센트, 동물실험을 거친 제품이 신뢰가 더 간다는 응답자는 2.7퍼센트, 전혀 영향이 없다는 응답은 8.5퍼센트에 불과했다.

착한 화장품을 사용하려면

화장품 회사들이 동물을 이용한 실험을 했는지 안 했는지를 확인하는 방법은 간단하다. 동물보호단체들이 이미 만들어 놓은 착한 화장품 회사들의 목록을 보면 된다. 카라 홈페이지(www.ekara.org)의 '착한 회사 리스트'를 봐도 되고, 스마트폰의 착한 회사 리스트 어플을 설치해서 봐도 된다.

이 사이트에서는 화장품 회사들을 동물실험을 하지 않는 곳, 동물 성분을 포함시키지 않는 곳, 중국 수출을 하지 않는 곳 등 세 가지 항목으로 나누었다. 중국 수출을 하지 않는 곳이라는 기준이 포함된 이유는 중국은 수입하는 해외 화장품에 동물실험을 거칠 것을 의무화하고 있기 때문이다. 2014년 9월 1일 기준으로 세 가지 항목을 모두 충족시키는 한국 화장품 회사는 모두 10곳, 외국 화장품 회사는 6곳이다.

물론 동물실험의 문제는 화장품에만 한정된 것은 아니다. 의학과 과학의 발전을 위한 다양한 실험에서 사람에게 먼저 사용할 수 없다는 이유로 많은 동물이 희생되고 있다. 실험의 종류는 무척 다양하다. 신약을 투여해 부작용이 없는지 관찰하는 실험부터 화학물질의 독성이 입으로 먹었을 때, 코로 마셨을 때, 피부에 닿았을 때 어느 정도인지 확인하는 실험까지 다양한 실험이 지금 이 순간에도 실시되고 있다.

물론 화장품과 달리 신약 제조나 화학물질의 독성 조사를 위한 동물실험을 하는 경우에는 사람의 안전을 위해서라는 명분이 있다. 동물이

국내회사	해외회사
● 루앙 ROUANG	● 라베라 lavera
● 맑은나라 MALGEUNNARA	● 라브르베르 L´ARBRE VERT
● 바이허브 BYHERB	● 메소드 method
● 버블프리에코 Iloveeco	● 슈가스트립이즈 SUGARSTRIPEASE
● 스킨베지테리언 Skin Vegetarian	● 아스토니쉬 Astonish
● 아로마티카 Aromatica	● 코스리스 COSLYS
● 에이트루 A:TRUE	
● 에버레인 everain	
● 트리앤씨 TREEANNSEA	
● 해밀리아 HaemilLia	

2014년 9월 1일 기준 세 가지 항목을 모두 충족시키는 한국 화장품 회사는 모두 10곳,
외국 화장품 회사는 6곳이다. ©카라

고통을 겪고, 희생되는 것보다 사람이 얻는 이익이 훨씬 더 크다는 것이다. 앞서 언급한 가습기 살균제에 포함된 독성물질의 경우도 흰쥐의 희생을 통해 유독성 여부가 판명된 사례이다. 가습기 살균제가 유통되기전 이들 물질의 독성이 알려졌다면 산모와 영유아, 어린이 등 144명의 죽음을 막을 수 있었을 것이다.

라이카는 스스로 우주에 가지 않았다

하지만 아무리 인간의 이익이 크다고 한들 동물들의 입장에서는 이유 없이 고통당하고, 죽어 간다는 사실이 변하는 것은 아니다. 설령 많은 사람들을 치료할 수 있는 새로운 약품을 개발하고, 위험한 화학물질이 들어간 생활화학용품을 골라낸다 해도 말이다.

만약 실험동물들이 높은 지능을 갖게 되고, 자신들이 왜 실험에 이용되는지를 알게 된다면 동물들은 인간을 위해 희생되는 것을 받아들일까? 우주로 쏘아 올린 로켓 안에서 몇 시간 만에 죽은 개 '라이카'가 만약 자신이 우주에서 쓸쓸히 죽을 것을 알았다면 우주로 나가는 것을 단호하게 거부했을 것이다. 강제로 우주로 내보내진다면 죽어 가면서 인간을

라이카는 로켓 안에서 쓸쓸히 죽었다.

원망했을지도 모른다. 영화 〈혹성탈출〉 시리즈에 나오는 침팬지 코바가 자신을 실험에 이용하며 고통스럽게 한 인간들을 증오해 전쟁을 일으키는 것처럼 말이다. 영화 속에서 코바는 사람에게 임상시험 하기 전에 치매치료제 투여를 비롯해 다양한 실험에 동원되는데, 실제로 유인원들은 사람과 비슷한 점이 많다는 이유로 숱한 의학 실험에 이용되고 있다.

그러나 실제 동물실험에서 동물들은 사람을 믿고 얌전히 실험하는 대로 따르다가 죽는다. 흔히 '악마견'이라는 왜곡된 별명으로 불리는 '비글'이라는 견종이 바로 그런 경우다. 비글은 사람을 워낙 잘 따르고 좋아하기 때문에 연구자들이 어떤 실험에 사용해도 무한히 신뢰하며 따른다. 이런 습성 때문에 동물실험을 하는 이들이 비글을 선호하고, 그만큼 많은 비글이 지금도 죽어 가고 있다.

동물의 권리

사실 동물실험을 어떻게 바라볼 것인가 하는 문제는 동물과 인간과의 관계에 대해 묻는 철학적인 문제이기도 하다. 의학이나 과학, 미용을 위해 살아 있는 생명체를 어느 정도까지 희생시켜도 될 것인지를 결정하는 것은 동물이 어떤 존재인지를 묻는 본질적인 질문인 것이다.

동물실험의 윤리 기준으로는 '3R의 원칙'이 있다. 실험에 이용되는 개체 수를 최소화할 것(Reduction: 축소, 삭감), 동물의 고통을 최소화할 것

(Refinement: 개선, 개량), 대체할 만한 수단을 찾을 것(Replacement: 교체, 대체)이다. 하지만 국내에서 동물실험의 윤리성에 대해 문제를 제기하는 이들은 동물실험을 하는 업체나 연구소에 대해 의심에 찬 눈길을 보내고 있다. 최소한의 기준이라 할 수 있는 이 원칙들조차 지켜지지 않을 가능성이 높다는 것이다. 국내 동물실험의 실상이 아직 담벽 너머 밀실에서 관계자들끼리만 알고 쉬쉬하는 비밀이기 때문이기도 하다.

동물의 권리를 옹호하는 이들은 인종 차별, 성 차별이 100년, 200년 전보다는 훨씬 줄어든 것처럼 앞으로 종 차별, 즉 사람과 동물 사이에서도 차별이 줄어드는 시기가 올 것이라 믿고 있다. 인간과 동물이 똑같은 권리를 누려야 한다는 것이 아니라, 동물도 인간처럼 불필요한 고통을 당하지 않고 부당하게 목숨을 잃지 않을 수 있는 권리를 보장받는 날이 올 것이란 이야기다. 그렇게 되면 동물실험실 내의 비밀들도 언젠가 세상에 낱낱이 공개될 날이 올 것이고, 동물의 고통도 완전히 사라지지는 않더라도 최소한으로 줄어들게 될 것이다. 그런 미래를 조금이라도 더 빨리 보고 싶다면 착한 회사의 착한 제품을 쓰는 윤리적인 소비라는 작은 한 걸음을 내딛어 볼 것을 권한다.

공장에서
자라는 돼지

꼬마 돼지 순결이가 보낸 편지

안녕하세요? 의원님, 저는 파주 한 농장에서 태어나 형제들과 함께 사는 순결이예요. 저는 인공수정을 하지 않고 엄마·아빠가 자연스레 사랑해서 태어난 꼬마 돼지예요. 태어난 지는 두 달 가까이 되어 가고, 젖 떼고 열흘 정도 되었답니다. 우리 농장의 80마리 돼지들은 거의 다 이름이 있어요.

제가 이 농장에서 태어나 얼마나 다행인지 (……) 사람들은 제 이빨이나 꼬리를 자르지 않았어요. 여긴 그럴 필요가 없거든요. 스트레스로 서로 물고 뜯어야 할 만큼 비좁은 곳에 갇혀 살지 않으니까요. 우리는 여름이면 진흙을 발라 몸을 식히고, 겨울에는 볏짚과 낙엽으로 들어가 나올 생각을 안 한답니다. 우리는 볏짚과 낙엽 위에서 놀 때가 제일 행복해요. (……)

우리 돼지들은 사람 아기보다 비디오게임을 더 잘할 수 있고 침팬지 같은 영장류를 능가하기도 하지요. (……) 기억력이 좋은 것으로도 유명하지요. 사람들은 돼지가 세 살 정도 사람 아가의 지능을 가졌다고 말하곤 합니다. (……)

그런데 사람들이 요즘 우리 돼지들을 살아 있는 채로 마구 생매장해 죽인답니다. 이렇게 할 때 영리하고 감각이 발달한 우리가 느끼는 고통과 공포는 이루 말할 수가 없어요. 지난달(2010년 11월) 16일 파주 인근 농장에서 구제역이 발생했지만, 15일부터 도살처분 반경을 500미터로 줄

순결이 ⓒ카라

인 뒤라 다행히 도살처분을 모면했어요. 그런데 오늘, 강화도에서 다시 반경을 3킬로미터로 늘려 살처분했다고 하는 무서운 소식을 들었어요.

요즘 매일 꿈을 꾸어요. 너무 무섭고 너무 아프고 두려워요. 아무리 소리를 질러 구해 달라고 해도, 아무도 구덩이에서 꺼내 주지 않아요. (……) 제발 제발 도와주세요. 하루빨리 생매장을 중지할 수 있도록 도와주세요. 그리고 절대로 생매장을 하지 못하도록 법을 만들어 주세요.

2010년 12월 28일,

파주에서 꼬마 돼지 순결이가 드림

(동물보호단체 카라가 국회의원들에게 보낸 편지 중에서)

어느 어미 돼지의 편지

저는 한국의 한 공장식 축산 농장에서 3년째 살고 있는 어미 돼지입니다. 비슷한 어미 돼지들이 워낙 많다 보니 이름 같은 건 없고 일련번호로 불리고 있죠. 여러분께 편지를 드리는 것은 앞으로 태어날 돼지들과 닭들이 저나 제 친구 같은 고통을 겪지 않기를, 조금이라도 줄어들기를 바라기 때문이에요. 사람들이 만든 공장식 축산이니 사람들이 우리의 고통을 줄일 수도 있다고 생각해서요.

저와 제 친구들은 식용 돼지를 낳기 위해 사육되는 육돈입니다. 앉았다 일어섰다만 할 수 있는 폭 60센티미터, 길이 210센티미터의 스톨(금속제 틀)에서 평생을 살아야 하죠. 걷거나 뛰는 것, 저희의 본능적

돼지가 살고 있는 곳은 집이 아닌 공장이다. ⓒ동물자유연대

죽어 가는 동물들　73

인 행동인 땅을 파고 헤집어 놓는 것은 꿈에서나 해 볼 수 있는 일입니다. 저희는 태어난 지 7~8개월째부터 새끼 돼지를 낳도록 교배를 시작합니다. 114일 정도 임신 기간이 끝나고 새끼를 낳으면 20일 정도 젖을 먹일 수가 있지요. 처음 새끼를 낳았을 때는 저한테나 새끼들한테 이런 끔찍한 일이 생길지는 몰랐어요. 처음 낳은 새끼들을 보고 있는데 농장에서 일하는 사람이 약해 보이는 새끼들을 골라내더니 마구 때려서 죽여 버리는 것이었어요. 너무 놀라 멍하니 보고만 있는데 죽은 제 새끼들을 들고 가 버리더군요. 열흘이 지나서는 새끼들의 꼬리를 자르고 이빨도 뽑았어요. 답답한 환경에서 스트레스를 받은 나머지 저희끼리 꼬리를 물어뜯으면 물린 자리에 염증이 생기는 것을 막기 위한 것이죠.

새끼들이 젖을 떼고 일주일쯤 지나서는 사람들이 강제로 발정을 시켰고, 교배를 해서 매년 2~3번씩 새끼를 낳는 동안 비슷한 일이 반복됐어요. 저와 제 친구들은 1년에 평균 2.4회씩 새끼를 낳는데 그때마다 약한 새끼들을 안락사시키려면 돈이 많이 들어가니까 아무렇게나 죽이는 것이라고 하더군요.

저희의 이런 비참한 사정을 아는 사람들 중에는 아예 채식을 하거나 공장식 축산에서 길러서 도축한 소나 돼지의 고기는 안 먹는 분들도 많다고 하더군요. 그뿐만 아니라 저희를 기르는 분들 중에도 저희의 고기를 꺼림칙하다고 생각하는 분들도 있어요. 어느 날 동물보호단체 활동가와 함께 막사에 들어온 농장 노동자가 조용히 말하더군요. "나는 목살은 안 먹어. 목에다 항생제 주사를 계속 놓다 보니까 더 주사 놓을 자리가 없을 정도거든. 사람한테는 영향이 없다고들 하는데 그래도 목살만은 먹기가 싫어." 저희가 불쌍하다고 느껴서는 아니겠지만 농장에서 일하는 분들도 마음이 좋지는 않으신가 봐요.

그래도 예전보다는 사람들이 저희의 마지막 순간에 고통을 덜어 주기 위한 노력을 하고 있다고 들었어요. 죽는 순간만은 고통 없이 갈 수 있도록 해 주려는 것이겠지요. 저희를 도축할 때는 몸에 날카로운 쇠붙이를 찔러 피를 빼내는데 이때 고통을 느끼지 않도록 전기충격으로 기절을 시키거나 이산화탄소 실신법을 사용한다고 하더라고요. 대부분의 도축장에서 전기충격법을 사용하는데 운이 나쁜 친구들은 전기충격이 약한 탓에 의식이 남아 있는 채로 칼에 찔리고, 피가 서서히 빠져나가는 끔찍한 경험을 하게 된다고 해요. 저는 제발 전기충격으로 의식을 잃은 채 죽을 수 있으면 좋겠어요.

저희가 불쌍하시죠? 하지만 저희만 이런 비참한 삶을 살다가 죽는 것은 아니랍니다. 계란을 낳기 위해 사육되는 암탉들은 마치 알을 만들어 내는 기계처럼 취급당하고 있어요. 암탉들이 갇혀 있는 A4 용지 반장 크기의 닭장을 보통 '케이지'라고 부르는데 '아우슈비츠 수용소'에서 갇혀 지내다 죽어 간 사람들보다 더 끔찍한 환경이에요.

많은 닭을 한꺼번에 기르다 보니 양계장 주인들은 닭들이 겪는 스트레스로 인해 다른 닭들을 쪼지 못하도록 부리 끝을 잘라 버리기도 합니다. 이때 부리가 잘못 잘리기라도 하면 평생 염증에 시달려야 하지요. 먹이도 제대로 못 먹는 경우도 많고요. 동물보호단체에서는 이런 일들이 모두 저희 돼지나 닭을 살아 있는 생명체가 아니라 고기를 생산하는 기계로 생각하기 때문에 벌어지는 일이라고들 해요.

닭들이 가장 무서워하는 일은 강제로 털갈이를 하기 위해 열흘 정도 사료도 물도 주지 않고 컴컴한 막사에 가둬 두는 것이에요. 닭들은 어두운 곳에서는 앞을 거의 못 보고, 천적이 자신을 물어 가도 제대로 대항도 못할 정도로 어둠에 약하거든요. 이렇게 닭들을 공포에 떨게 만드는 것은 암탉들이 생후 65주가 되면 알을 낳는 능력이 떨어지는데 털갈이를 시키면 다시 산란율이 높아지기 때문이에요. 사람을 어두운 곳에 열흘 동안 가둬 놓고 물도 음식도 주지 않는다면 어떻게 될까요? 어둠 속에서 갈증과 굶주림, 그리고 공포를 견뎌 내지 못하고 죽는 닭이 많다고 해요.

이렇게 참혹한 환경에서 사는 저희 돼지들과 닭들에게는 아주 작은 소망이 있어요. 암탉들의 소원은 '땅에서 걸어다니면서 벌레를 잡아 먹어 보고, 모래로 깃털을 손질하고, 횃대에 올라가보는 것'이라고 해요. 제 소원은 땅을 파헤쳐서 먹음직한 씨앗이나 벌레가 나오나 살펴보는 거예요. 하지만 공장식 축산 방식으로 사육되는 저희에겐 평생 이룰 수 없는 불가능한 소망이기도 하지요. 조금이라도 많은 돼지와 닭이 이런 작은 소망이라도 이루면서 살아가도록 도와주세요.

공장식 축산, 그래도 드시겠습니까?

첫 번째 편지는 동물보호단체 카라가 구제역 살처분 중지를 위해 국회의원들에게 보낸 편지의 일부이고, 두 번째 편지는 공장식 축산 방식의 농장에서 평생 새끼만 낳다가 죽는 돼지의 이야기를 카라와 동물자유연대의 증언, 도움말을 바탕으로 구성한 것이다. 별 관계가 없어 보이지만 두 번째 편지는 첫 번째 편지의 원인에 해당하는 이야기를 담고 있다. 구제역 살처분, 조류인플루엔자 살처분이라는 무시무시한 단어가 만들어지기까지에는 공장식 축산이 결정적인 역할을 했기 때문이다.

공장식 축산의 목적은 간단하다. 고기와 알을 대량생산하는 것이다. 자연스럽게 공장식 축산 방식에서는 빨리 성장해서 많은 고기를 생

산하는 돼지와 알을 낳아 주는 닭을 위주로 사육하게 된다. 그리고 이런 특질을 가진 돼지와 닭이 끊임없이 세대를 거듭해 태어나고 죽기를 반복하면서 유전적인 다양성은 빠르게 감소하게 된다. 그리고 유전적 다양성이 감소한 돼지 집단과 닭 집단은 환경 변화에 점점 취약해진다. 유전자가 다양하다면 전염병이 발생했을 때 일부가 감염되더라도 일부는 살아남을 수가 있지만 공장식 축산 방식으로 사육하는 돼지와 닭은 전염병이 발생하면 높은 감염률을 나타낼 수밖에 없는 것이다. 반대로 철새의 경우는 조류인플루엔자에 감염돼도, 이겨내고 살아남는 경우가 많다.

그런데 한국 정부는 한 농장에서 구제역이나 조류인플루엔자가 발생했을 때 다른 농장에 전파되는 것을 막기 위해 그 농장의 일정 반경 내의 소, 돼지, 닭은 모조리 살처분하고 있다. 이 살처분에는 예외가 없어서 첫 편지에서처럼 공장식 축산 방식이 아닌, 돼지의 본능적인 행동의 자유를 보장해 온 농장에서도 실시됐다. 살처분을 없애 달라고 호소했던 순결이도 편지를 보낸 지 16일 만인 2011년 1월 예방적 살처분이라는 이름으로 희생됐다. 2014년 한국 전역을 휩쓸었던 조류인플루엔자 때도 정부의 동물복지농장 인증을 받은 농장의 닭들 역시 예방적 살처분을 피해 가지 못했다.

두 번째 편지를 독자들에게 보낸 돼지처럼 식용으로 길러지는 암퇘지는 200킬로그램이 넘는 큰 몸집을 좁은 스톨에 눕힌 채 평생 새끼를 낳고, 또 낳는다. 새끼들은 그렇게 누워 있는 엄마 돼지에 매달려 젖을 빤다.

이렇게 좁고 비위생적인 환경에서 지내다 보니 돼지에게는 대량의 항생제가 투여된다. 동물보호단체들에 따르면 한국의 공장식 축산에서 돼지에게 주사하는 항생제의 양은 선진국들의 10배가 넘는다. 돼지에게 투입된 다량의 항생제는 돼지고기를 먹는 사람들의 항생제 내성을 높이는 부작용도 일으킬 수 있다고 한다. 이런 일을 막기 위해 유럽연합(EU)은 2006년 가축에 대한 성장촉진제와 항생제 사용을 금지한 바 있다. 닭을 비좁은 우리에서 키우는 사육 방식은 2012년부터 금지했고, 2013년부터는 스톨에서 돼지를 사육하는 것을 전면 금지하고 있다. 미국 일부 주들도 스톨 사육을 금지하고 있다.

작은 실천부터

공장식 축산의 현실이 워낙 참혹하다 보니 아무 생각 없이 돼지고기, 소고기, 닭고기를 먹었던 이들 중에 '진실'을 깨달은 이후엔 채식을 결심하는 경우가 가끔 있다. 위의 편지에도 소개된 것처럼 고기를 완전히 끊지는 않더라도 섭취량을 줄인다든가, 동물복지농장에서 기른 암탉이 낳은 계란만 먹는 이들도 점점 늘어나고 있다. 채식을 시작한 이들은 처음에는 야심차게 생선을 포함한 모든 육류를 거부하지만 차츰 생선까지는, 닭까지는 하며 타협하는 경우도 꽤 있다. 대부분의 식당에 채식주의자를 위한 메뉴가 마련돼 있는 유럽 나라들과는 달리 한국에서 고기를 먹지 않고 살기란 쉽지 않기 때문이다. 형체를 갖춘 '고기'가 들어 있지는 않더라도 많은 음식에 고깃국물, 즉 육수가 들어가 있으니 사실 완전히 고기 섭취를 거부하는 것은 '미션 임파서블'일지도 모른다.

'고기 없는 월요일' 어떠세요?

공장식 축산을 줄이는 데 작은 힘이라도 보태기를 원하는 이들을 위해 일주일에 하루 고기를 먹지 않는 '고기 없는 월요일(Meat Free Monday)' 운동을 추천한다. '고기 없는 월요일'은 영국의 전설적인 록그룹 비틀즈의 멤버였던 폴 매카트니가 처음 제안한 육식 줄이기 운동이다. 이 운동은 공장식 축산으로 고통받는 동물을 줄임과 동시에 고기를 생산하기 위해 전 세계에서 배출되는 대량의 온실가스를 줄여 지구 온난화를 막자는 취지를 담고 있다. 자동차 사용을 절반으로 줄이는 것보다 고기 소비를 절반으로 줄이는 게 지구 온난화를 막는 데 더 효과적이라고 한다.

슬픈
동물원

모르고 보면 웃음거리, 알고 보면 슬픈 동물원

고등학교에 다니던 시절 친구들과 함께 서울대공원에 가서 동물들을 구경한 적이 있다. 봄이긴 해도 아직 쌀쌀한 때여서인지 유인원들은 바깥 우리가 아닌 좁은 실내에 갇혀 있었다. 침팬지 우리 앞에 사람들이 모여 구경하는 것이 눈에 띄었다. 구경거리라도 있나 가 봤더니 침팬지 1마리가 몸을 좌우로 왔다 갔다 하며 한 손으로 유리를 똑똑, 똑똑 두드리고 있는 것이었다. 일정한 박자로 끊임없이 고개를 흔드는 모습이 메트로놈의 추처럼 보였다.

침팬지를 한참 구경하다 바로 옆의 롤런드고릴라를 구경하던 때 사건이 벌어졌다. 두꺼운 강화유리벽 안쪽 깊숙한 곳에서 몸을 잔뜩 웅크리고 있던 고릴라가 갑자기 사람들 쪽으로 뛰어와서는 주먹으로 유리벽을 쾅쾅 두드리기 시작한 것이었다. 나와 친구들은 물론, 아이를 데리고 있던 관람객들 모두가 깜짝 놀라 도망갈 수밖에 없었다. 유리벽이 깨지지 않았고, 다친 사람도 없었지만 그때 느꼈던 공포심은 여전히 남아 있다. 고릴라가 저렇게 크고 힘이 센 동물이구나 하고 놀랐던 기억도 말이다.

당시에는 침팬지의 모습을 보면서 그저 신기해하며, 웃고 즐겼다. 고릴라의 공격적인 모습에 놀라 도망치면서도 그 고릴라가 어떤 처지인지에 대해 아무 고민도 못 했던 것이 사실이다. 하지만 지금 와서 생각해 보면 두 유인원이 보인 모습은 사실 '슬픈 동물원의 현실'이라 부를 만한, 마음이 아파지는 광경이 아니었나 싶다.

침팬지가 보였던 행동은 동물행동학에서 '정형행동' 또는 '상동증'이라고 부르는 이상증세였을 가능성이 높다. 정형행동은 비좁은 우리 안에서 끊임없이 사람들에게 노출되는 스트레스를 겪고 있는 동물들이 흔히 보이는 정신적 장애이다. 비교적 지능이 높은 동물들에게서 자주 나타난다. 갑자기 유리벽을 마구 두드렸던 고릴라처럼 아무 이유 없이 공격적인 성향을 드러내는 경우도 종종 발생한다. 좁은 우리 안에서 지내던 거대한 고릴라는 마음속에 쌓인 울분을 그렇게 터뜨리고 있었던 것일지도 모른다.

동물원 동물들이 같은 행동을 반복하는 이유

　동물들의 정형행동에 대해 알고 난 후인 2013년 가을 찾아갔던 서울대공원 동물원은 '진실'을 알기 전과는 전혀 달라 보였다. 끊임없이 정형행동을 보이는 동물들을 보면서 동물원에 들어가 있다는 사실 자체가 거북하게 느껴질 정도였다. 그날 서울동물원에서 본 늑대와 곰은 끊임없이 무의미한 행동들을 반복하고 있었다. 특히 늑대는 단 1마리의 예외도 없이 모두 정형행동 증세를 보였다. 우리 앞에서 관찰하는 내내 늑대는 하염없이 철창 바로 앞 4~5미터 정도 거리를 왔다 갔다 하고 있었다. 늑대 우리 옆의 말승냥이 2마리도 마찬가지였다. 1마리는 늑대처럼 철창 앞 3미터 사이를 끝없이 왕복했고, 다른 1마리는 우리 안을 대각선 모양으로 오가다가 잠깐 멈춰서는 무언가를 물끄러미 보는 듯하다 다시 움직이기를 반복했다.

　동물들의 스트레스가 정형행동으로 이어지는 까닭은 무엇일까? 건국대 수의학과 김진석 교수에 따르면 정형행동, 또는 상동증은 학술적으로 '반복적이고 지속적이지만 목적이 없는 행동'을 말한다. 먹이를 구하기 위해서나 놀이를 하는 것이 아닌 아무 의미가 없는 행동을 반복하는 것을 말한다는 것이다. 김 교수는 "동물이 자신이 처해 있는 환경을 스스로 통제

할 수 없다 보니 지속적인 스트레스나 고통·통증에 노출될 때 나타나는 비정상적인 행동이에요. 나중에 자연스럽게 움직일 수 있는 환경을 마련해 줘도 평생 지속되는 경향이 높지요. 정신적 장애에 의한 행동장애라고 볼 수 있어요."라고 설명했다.

사실 동물원을 즐거운 소풍 장소로만 생각하는 대부분의 사람들에게 동물원이 동물들의 고통과 슬픔으로 가득 찬 공간이라고 설명하기란 쉽지 않은 일이다. 동물원에 대한 일반적인 인식은 '우거진 숲과 동물들을 보고, 맛있는 도시락과 음료수를 먹고 마시며 즐겁게 거닐 수 있는 장소'이기 때문이다. 부모 입장에서는 아이들의 감수성을 키울 수 있는 공간이기도 하다.

하지만 동물의 입장에서 본 동물원은 어떨까? 마치 나치 독일의 유대인 수용소 아우슈비츠 같은 장소로 여겨지지는 않을까? 전문가들은 수 킬로미터에서 수십 킬로미터에 달하는 야생에서의 행동반경에 비해 턱없이 좁은 우리, 관람객들의 눈에 그대로 노출되며 받는 스트레스, 놀잇감도 없이 멍하니 시간을 보내야 하는 환경은 동물들을 미치게 만든다고 입을 모은다. 사람을 똑같은 환경에 평생 가둬 두는 것이 얼마나 잔인한 일인지를 생각해 보면 동물들이 동물원을 어떻게 느낄지도 짐작할 수 있을 것이다.

동물들의 정형행동 대표 사례

곰		우리 안에서 머리나 앞발을 흔든다.
늑대		우리 안을 끊임없이 왔다 갔다 한다.
코끼리	 ©①①nickandmel 2006 on flickr	한곳에 서서 앞뒤로 몸을 흔든다.
돌고래 등 해양 포유류		한쪽 방향으로만 돈다.

사람 전시로까지 이어진 동물원의 야만

동물원의 역사는 고대 이집트나 로마, 중국으로까지 거슬러 올라간다. 왕족이나 귀족의 취미를 위해 진귀한 동물들을 모아 기르면서, 보고 즐겼던 것이 동물원의 시초라 할 수 있다. 많은 사람들에게 공개되는 근대의 동물원은 18세기 오스트리아에서 처음 등장했다. 지금과 같은 동물원의 시초는 제국주의 시대였던 1907년 건립된 독일 하겐베크 동물원이다. 독일인 카를 하겐베크는 자신이 세운 동물원에다 희귀한 외국의 동물들뿐 아니라 그린란드나 태평양 곳곳의 섬에 살던 원주민까지 잡아다 전시하기도 했다. 당시 서구인들이 야만인이라 부르던 원주민들과 그 원주민들을 잡아다 '사람 전시'를 한 이들 가운데 누가 진짜 야만인인지는 말하지 않아도 알 수 있을 것이다. 하겐바크는 또 새끼 동물을 붙잡기 위해 어미 동물들을 마구 죽이는 행태까지 저지른 것으로 알려져 있다.

사람 전시는 독일에서만 벌어진 것은 아니다. 19세기 말 미국 대도시에서 열린 박람회, 프랑스 파리의 박람회에선 원주민들을 벌거벗겨 전시하는 것이 단골 메뉴였다. 일본도 20세기 초의 박람회에서 조선인을 포함해 아시아 사람들을 끌어와 전시한 바 있다.

현대에 와서는 동물원의 존재 가치를 멸종 위기 동물을 보호하고 종 복원을 연구하는 기능에서 찾는 사람들도 있다. 하지만 동물을 전시하는 공간에서 그런 기능을 수행해야 하는지에 대해 의문을 가지는 사람도 많다.

동물원에도 이른바 인기 동물과 비인기 동물 사이에 차별이 존재한다. 관람객들이 많이 찾지 않는 '비인기 동물'의 우리는 더 비좁고 열악하다. 천연기념물이자 멸종 위기종 흰꼬리수리는 날개를 쭉 펴고 날아오를 수조차 없는 좁은 철창 안에서 사육되고 있다. 흰꼬리수리가 자유롭게 우리를 드나드는 참새의 모습을 무력하게 지켜보는 모습은 무척 슬픈 광경이었다. 두루미나 황새 등이 사는 큰물새장을 제외하고는 대부분 새들이 지내는 우리는 안에서 날 수 있도록 해 놓은 경우가 드물었다. 동물보호단체 활동가들은 새들이 날지 못하고 그대로 앉아 있기만 하다 보니 관람객들에게 인기가 없고, 동물원 측의 배려에서도 멀어지게 되는 악순환이 벌어지고 있다고 주장한다.

동물들도 미친다

지능이 높은 유인원이나 곰, 늑대 등의 우리에 놀잇감으로 삼을 만한 도구를 넣어 주지 않는 것도 문제다. 동물행동학 전문가인 이화여대 에코과학부 장이권 교수는 "동물들이 정상적인 성체가 되고, 다른 동물들과 함께 잘 어울려 지내려면 놀이가 반드시 필요해요. 특히 동물원에서 지내는 영장류는 제대로 된 환경에서 생활하는 것이 아니기 때문에 놀잇감이 더욱 중요하죠. 그렇지 않으면 지능 발달에 문제가 생길 수 있어요."라고 말했다. 사람도 제대로 놀지 못하고, 공부만 하고, 일만 하면서 지내다 보면 정신적인 문제가 발생하기 쉬운 것과 같은 이치다. 동물원 측이 동물들을 관리 대상으로만 생각하다 보니 혹시 다치기라도 할까 봐 놀잇감을 주지 않는 경우가 많은데 그 탓에 동물들의 스트레스는 점점 더 커지고 있다.

더 심각한 문제는 이렇게 열악하게만 느껴지는 서울대공원 동물원의 시설이 국내에서는 가장 나은 편이라는 점이다. 동물보호단체인 '동물을위한행동'이 2013년 7월 국내 동물원의 현황을 조사한 보고서에 따르면 "지방 동물원들과 비교하면 서울대공원은 천국이다."라는 말이 나올 정도이다. 보고서는 지방의 소규모 동물원에선 호랑이나 곰처럼 덩치가 큰 동물도 2~3평밖에 안 되는 좁은 우리 안에서 사육하는 경우가 많다고 고발한다. 작은 동물들은 아예 닭장 크기의 우리에 넣어 놓고 있다. 2014년 8월 찾아갔던 경기 고양시의 사설동물원 쥬쥬는 보고서에 나온 그대로의 모습이었다. 사자, 곰 같은 덩치가 큰 동물들은 몇 발짝만 걸어도 더 갈 곳이 없어지는 우리 안에 갇혀 있었다. 미치지 않고서는 살 수 없어 보이는 환경이었다.

오직 인간을 위한 체험행사

동물보호 활동가들이나 동물 전문가들이 꼽는 최악의 동물원은 '체험행사'를 하는 곳이다. 특히 새끼 동물을 만지도록 해 주는 에버랜드 등의 사설 동물원에 대해 비판하는 이들이 많다. 동물원 사육사들도 "꼼짝 못하게 해 놓고, 마음대로 몸을 만지작거리는 걸 좋아할 사람이 있겠어요?"라며 체험행사는 동물들에게 심한 스트레스를 주는 일이라고 지적하기도 한다.

체험이라는 이름으로 동물들을 만지게 하는 것은 동물들에게 극심한 스트레스를 주는 동시에 몸에 엄청난 자극을 주는 일이며, 특히 새끼들은 스트레스를 심하게 받다 보니 많이 만질수록 쉽게 죽는다고 한다. 동물들이 사는 우리를 막대기로 치거나 동물들에게 돌, 장난감 등을 던지는 것 역시 동물들을 공포에 질리게 만드는 행동이다. 대부분의 동물

들은 사람들을 보는 것 자체를 무서워한다.

만약 친구나 가족들과 동물원에 가게 된다면 소풍을 즐기기에 앞서 동물들이 얼마나 나쁜 환경에서 살아가고 있는지 천천히 살펴보는 것은 어떨까? 잠깐이라도 동물원 속 동물들의 고통을 생각해 보고, 동물원이 꼭 필요한지에 대해 고민해 보자. 그리고 일행들이 원하더라도 동물 만지기 등 체험행사에는 참여하지 말도록 설득해 보자. 불필요한 고통을 줄이는 것은 소극적이긴 하지만 조금이나마 동물원 동물들을 위한 길이 될 수 있다.

오랑우탄은
즐겁지 않다

동물원 동물들의 소리 없는 외침 "No!"

영화 〈혹성탈출〉 시리즈에서 인간 이상의 높은 지능을 갖게 된 침팬지 '시저'가 처음으로 말하는 대사는 "No!"이다. 자신과 다른 유인원들에게 툭하면 폭력을 가하던 사육사에게 외친 이 단어는 인간의 폭력을 거부하겠다는 강한 의사표현이었다. 그리고 이 단어는 사실 세계 곳곳의 동물원, 수족관에서 동물 쇼에 이용당하는 동물들이 그들을 억지로 훈련시키는 사람들에게 외치고 싶었던 단어일지도 모른다.

경기 고양시의 사설동물원 쥬쥬에서 10년 넘게 쇼에 동원되고 있는 오랑우탄 오랑이를 처음 봤을 때 바로 〈혹성탈출〉의 그 장면이 떠올랐다. 마침 동물원을 찾아갔던 2014년 8월은 〈혹성탈출〉 시리즈 중 '반격의 서막'이라는 부제의 영화가 개봉했을 때였다. 그 영화의 주요 등장인물, 아니 등장 유인원 중에서도 가장 지혜로워 보이던 암컷 오랑우탄을 떠올리면서 바라본 오랑이의 표정은 참으로 슬퍼 보였다.

동물들은 즐겁지 않다

불볕더위가 이어지던 8월 초 한낮에 찾았던 동물원 쥬쥬에서는 원숭이와 오랑우탄을 이용한 쇼가 한창 진행되고 있었다. 원숭이 2마리가 장애물 뛰어넘기나 각종 묘기를 보여 주는 원숭이 쇼가 끝나자 사람 운동화를 신은 오랑우탄 오랑이가 무대에 나타났다. 오랑이는 덥고 목이 말랐는지 얼음물이 든 물병을 들고는, 물을 마시는 것 외에는 아무것도 관심이 없어 보였다. 하지만 조련사는 계속해서 물병을 뺏으며 일명 스카이콩콩으로 불리는 포고스틱이나 자전거를 타게 만들었다. 누가 봐도 억지로 시키고 있구나 하는 생각이 들 정도였다.

조련사는 오랑이의 입에 손을 넣었다 빼는 시범을 보이며 "오랑이는 나를 절대로 물지 않아요."라며 쇼가 안전함을 강조하기도 했다. 오랑이가 갑자기 객석으로 뛰어들었다. 관람객 중에는 웃으며 즐거워하는 이들도 있었지만 비명을 지르며 도망가는 이도 있었다. 돌발상황으로 인한 안전사고를

막기 위한 장치는 전혀 없었다. 아이를 자기 몸 뒤로 숨기는 부모들도 눈에 띄었다.

　이때 동물원이나 수족관의 동물 쇼마다 조련사들이 빼놓지 않고 하는 대사가 나왔다. "얘네들은 즐거워서 하는 거예요. 즐거운 게임처럼 생각하는 거죠."

　원숭이나 오랑우탄, 돌고래 등 지능이 높은 동물을 이용해 관람객들에게 쇼를 보여 주는 곳에 취재를 갈 때마다 들었던 이야기이다. 억지로 동물들에게 재주를 부리도록 하는 것이 아니며 동물들이 자발적으로 행동하는 것이고, 동물들도 즐거워한다고 했다.

나쁜 거짓말

흥겨운 분위기 속에 이 이야기를 듣는 관람객들은 '그런가 보다.' 하고 넘어가게 마련이지만 사실 이 이야기는 거짓말, 그것도 참으로 나쁜 거짓말이다. 동물들이 자신들의 본성과 관련이 없는 행동을 하는 것은 먹이를 얻기 위해서이거나 매를 맞지 않기 위해서일 수밖에 없기 때문이다. 여러 차례 쥬쥬 동물원의 동물 쇼를 지켜본 동물보호단체 활동가들은 원숭이와 오랑우탄이 조련사의 손짓이나 특정한 단어에 반응하는데, 이는 오랜 훈련을 통해서 체득된 것으로 보인다고 한다. 원숭이 쇼 사육사로 일했던 이들도 때리지 않고서는 훈련이 되지 않는다고 증언했다. 그런 사정을 가장 잘 알 수밖에 없는 사육사들도 마음에 걸리기 때문에 똑같은 거짓말을 반복하는 것일지도 모른다.

사실 오랑우탄의 습성에 대해 조금이라도 안다면, 땅에서 쇼를 하고 사람들에게서 먹이를 받아먹는 행동이 이 유인원에게는 극히 비정상적인 행동이라는 것을 쉽게 알 수 있다. 아시아에 사는 유일한 유인원인 오랑우탄은 깊은 숲 속 나무 위에 걸터앉아 대부분의 시간을 보내는 동물이다. 조용하고 온순한 성격에 과일을 주식으로 삼는 이 유인원의 이름 오랑우탄은 말레이시아어로 '숲 속의 사람'이라는 뜻이다. 동물보호단체 활동가들은 물론 동물행동학 전문가들도 조용하고 온순한 성격인 이 유인원이 사육사의 지시에 따라 묘기를 부리고 관람객들과 사진을 찍는 것을 즐거워할 리가 없다고 한다.

아시아에 사는 유일한 유인원인 오랑우탄은 깊은 숲 속 나무 위에 걸터앉아
대부분의 시간을 보내는 동물이다. ⓒⓘ Neil WWW.NEILSRTW.BLOGSPOT.COM

세계적인 생태학자로 유인원 전문가인 제인 구달 박사가 2014년 11월 방한했을 때 "조련사들이 이런 이야기를 한다."고 묻자 그는 단호하게 고개를 저었다. 절대로 사실이 아니라고 했다. 구달 박사는 1960년 아프리카 탕가니카(현 탄자니아)의 곰베 침팬지 보호구역에서 인간만이 도구를 사용할 줄 안다는 통념을 깨고, 침팬지도 도구를 사용한다는 것을 처음으로 발견한 인물이다. 그는 당시 침팬지가 나뭇가지를 다듬어 개미집에 넣어서는 나뭇가지를 물고 늘어지는 개미들을 먹는 광경을 확인했다.

이래도 동물 쇼를 보시겠습니까?

특히 오랑우탄 쇼나 원숭이 쇼는 이 동물들을 학대하지 않고서는 성립되기 어렵다는 것이 전문가들의 공통적인 이야기다. 제인 구달 박사 역시 오랑우탄을 비롯한 유인원을 쇼에 동원하는 것에 강하게 반대한다. 다음은 2014년 11월 구달 박사가 자신의 생애를 다룬 다큐멘터리 영화 〈제인 구달〉 상영 후 열린 관객과의 대화에서 동물보호단체 카라의 대표를 맡고 있는 임순례 감독의 질문에 답한 내용이다.

"유인원을 데리고 쇼를 하려면 무대 뒤에서 훈련을 하는 과정이 있을 수밖에 없는데 그 과정은 항상 잔인하고, 강압적으로 수행되고 있어요. 지능이 높고, 사람과 비슷한 감정을 지닌 유인원에게 쇼를 위해 억지로 매일 어떤 행동을 수행하도록 하는 것은 그 동물을 대하는 방법으로서 옳지 않아요. 제인 구달 연구소도 어떤 영장류든 간에 쇼에서 사용하는 것을 반대하는 캠페인을 펼치고 있지요."

사육사들의 고백을 듣고 나면 '하루빨리 동물 쇼가 없어져야겠구나.' 하는 생각이 들 정도다.

"유인원들은 쇼에 나가기 직전에 말을 잘 들으라는 의미에서 뒤로 꼬집는 경우가 많아요. 오랑우탄은 워낙 몸이 단단하다 보니 살살 때려서는 끄덕도 안 하니까 입처럼 약한 부분을 주먹으로 때리기도 하죠. 입을 때릴 때 이빨이 부러지는 경우도 많아요. 힘이 세고, 덩치가 큰 동물일수록 학대 정도가 더 심하다고 보면 돼요."

"원숭이 쇼는 구타 없이는 이뤄질 수가 없어요. 원숭이들이 말을 안 듣는 경우가 많거든요. 다른 동물들에 비해 구타가 많을 수밖에 없죠."

동물보호단체에 들어온 제보 중 더 끔찍한 내용도 많다. "쇼 후에 말을 안 듣는 원숭이가 맞아 죽는 경우도 많아요." "2012년 죽은 오랑우탄 우탄이는 말을 안 듣는다고 인대를 끊어 버리기도 했어요."

이렇게 '전시 동물'이자 '쇼 동물'로 고통당하고 있는 오랑이가 국내에 들어온 것은 2000년쯤으로 추정된다. 누군가가 밀반입한 오랑이는 2003년 쥬쥬 측에 기증됐다. 이후에는 계속해서 쇼에 동원되고, 방송에 출연하면서 유명세를 타기도 했다. 불법 포획된 후 쇼에 동원되었으나 서울시의 결정으로 방류된 남방큰돌고래 제돌이, 그리고 대법원의 몰수 판결로 제돌이와 함께 방류된 춘삼이, 삼팔이와 비슷한 사례이다.

동물보호단체들이 2013년 자유를 찾은 남방큰돌고래 제돌이 다음으로 자유를 되찾아 줘야 하는 동물로 오랑이를 꼽는 이유는 오랑이가 다름 아닌 유인원이기 때문이다. 오랑우탄, 침팬지, 고릴라, 보노보, 긴 팔원숭이 등의 유인원은 분류학적으로 인간과 가장 가까운 동물이다. 인간과 침팬지의 유전자는 98.7퍼센트, 고릴라는 97.7퍼센트, 오랑우탄은 96.4퍼센트가 같다.

유인원은 지능이 높을 뿐 아니라 자아를 가지고 있고, 인간과 흡사한 감정도 느끼는 동물이다. 쇼에 동원되면서 학대받고, 좁은 우리에 갇히게 될 때 느끼는 고통의 정도가 수족관에 갇혀 있는 돌고래 이상으로 클 수도 있다.

오랑이에게 자유를!

물론 동물원에 있는 모든 동물을 한꺼번에 자연으로 돌려보내는 것은 불가능할 뿐 아니라 동물원 동물을 위해서도 바람직한 일은 아니다. 하지만 제돌이의 사례에서 보듯 비정상적인 경로로 동물원에 들어온 동물을 자연으로 돌려보내는 것은 작은 한 걸음이면서도 한국 사회의 생명 존중에 대한 의식을 한 단계 높이는 큰 울림이 될 수 있다.

그래서 동물보호단체 카라는 현재 '오랑이에게 자유를!(Free Orang!)'이라는 이름으로 오랑이를 자연으로, 또는 오랑이가 쇼에 동원되지 않으면서 편안히 지낼 수 있는 환경으로 보내자는 캠페인을 벌이고 있다.

어떻게 하면 오랑이가 자유를 되찾을 수 있을까? 우선 지자체, 즉 고양시가 개입을 하거나 환경부의 행정처분, 법원 판결 등을 통해 오랑이를 몰수하는 방법이 있다. 그런 후 제돌이의 경우처럼 국가와 동물보호단체, 학계가 힘을 모아 오랑이를 고향인 보르네오로 돌려보내는 것이다. 동물원 쥬쥬 측이 진심으로 오랑이를 위한다면 서울동물원을 비롯한 공공동물원에 오랑이를 기증하는 방식을 택할 수도 있을 것이다. 몰수든 기증이든 어느 방식에서나 우선 오랑이를 서울동물원 등 사육환경이 제대로 갖춰진 시설에 임시로 맡겨 보호할 필요가 있다. 이후에는 보르네오 현지에서 오랑우탄을 방사한 경험이 풍부한 국제 동물보호단체의 도움을 받는 것이 바람직하다. 국제적 환경보호단체인 '보르네오 오랑우탄 생존재단(BOSF)'은 다친 오랑우탄을 보호하다 야생으로 방사하는 활동을 꾸준히 벌이고 있다. 이 단체는 현재 800마리 정도의 고아가 된 오랑우탄을 보호하고 있으며 2014년 8월에도 오랑우탄 5마리를 자연으로 돌려보냈다.

물론 오랑이가 다시 야생에 적응하기가 힘들다는 판정이 나올 수도 있다. 보르네오로 돌아가는 것이 불가능하다면 오랑이가 야생에서의 평균 수명인 40세까지 여생을 편안히 살아갈 수 있도록 하는 것이 바람직하다. 전문가들은 이럴 경우 국내에서 가장 큰 시설을 갖추고 전문성도 높은 서울동물원에서 오랑이를 보호하는 것이 타당하다는 입장이다.

멸종 위기의 오랑우탄

성성잇과(猩猩─科, Pongidae)에 속하는 유인원으로 고릴라와 침팬지처럼 몸이 땅딸막하고 팔은 길며 다리가 짧은 동물이다. 국제자연보호연맹(IUCN)의 멸종 위기종 목록인 적색목록에도 심각한 위기에 직면한 종으로 등재되어 있다.
'보르네오 오랑우탄 생존재단(BOSF)'에 따르면 현재 야생 오랑우탄은 약 50,000마리로 2008년의 약 61,000마리에서 10,000마리 이상 줄어든 상태다. 보르네오 오랑우탄 생존재단은 오랑우탄이 멸종 위기에 직면한 이유로 매년 보르네오와 수마트라 내의 오랑우탄 서식지인 숲이 1.5~2퍼센트씩 줄어들고 있다는 점을 꼽고 있다.

바다제비를
살려라!

무엇이 바다제비를 죽였을까?

"국제적 희귀 조류 바다제비를 살려라!"

2014년 8월 27일은 전남 신안군 비금면의 작은 무인도인 칠발도가 생겨난 이래 가장 많은 사람이 모여든 날이었을지도 모른다. 사람들이 들여온 외래 식물 때문에 목숨을 위협받고 있는 여름 철새 바다제비들의 희생을 줄이기 위한 '외래 식물 쇠무릎 제거 작전'을 위해 30명이 넘는 이들이 육지에서 건너왔기 때문이다. 이 식물이 어떤 식으로 바다제비의 생명을 빼앗았기에 이렇게 많은 이들이 먼바다까지 배를 타고 무인도에 간 것일까?

죽어 가는 바다제비

쇠무릎은 육지에서는 약초로 대접을 받는 식물이다. 줄기의 마디가 소의 무릎과 비슷하다는 이유로 붙여진 이름인데 한방에서는 약명으로 우슬(牛膝)이라 부르기도 한다. 50~90센티미터까지 자라며, 9~10월쯤 되면 씨앗이 갈고리처럼 사람의 옷이나 동물의 털에 달라붙어 먼 곳까지 이동해 번식한다. 이렇게 종족 유지를 위해 오랜 세월 진화한 번식 방법 때문에 칠발도에서는 '생태계 교란종'이 되어 버렸다.

10센티미터 정도까지 커지는 쇠무릎의 꽃송이에 촘촘히 맺히는 열매에는 갈고리 형태의 가시가 아래를 향해 나 있는데 이 가시가 새의 몸이나 날개에 잘 달라붙는다. 그런데 몸길이 19센티미터 정도에 몸무게 40그램 정도인 바다제비에게는 이 가시를 이겨 내고 날아오를 힘이 없다. 국립공원연구원 철새연구센터가 조사한 결과에 따르면 매년 칠발도를 찾는 바다제비 26,000여 마리 가운데 400여 마리가 이렇게 죽어 가고 있다. 1.5퍼센트에 불과한 숫자라고 생각할 수도 있지만 다 자란 새만 헤아린 것인 데다 어미가 죽어 버린 후 부화하지 못하는 알이 많다는 점을 감안하면 무시할 수 없는 수치다.

칠발도와 인근 구굴도는 바다제비의 최대 번식지 역할을 하는 곳으로 두 섬을 찾는 바다제비의 수는 각각 26,000여 마리와 50,000~100,000마리에 달한다. 전 세계 바다제비의 70~80퍼센트가 두 섬을 찾아 번식을 하는 셈이니 어느 한 곳이라도 바다제비가 살기 힘든 환경이 된다면 바다제비는 갈 곳을 잃게 된다.

바다제비들의 수난이 시작된 것은 칠발도에 사람들이 옮겨 온 쇠무릎이 점점 늘어나 바다제비가 둥지를 만드는 밀사초 군락까지 침투하면서부터다. 쇠무릎은 등대를 지키던 이들이 1996년 철수하면서 본격적으로 늘어나기 시작했다. 처음에는 사람이 살면서 채소 농사를 지었던 곳과 사람들이 방목한 염소가 풀을 뜯어먹은 자리에서 자라나다 밀사초 군락에까지 뿌리를 뻗었다. 쇠무릎이 40센티미터 정도 길이인 밀사초보

쇠무릎 열매에 걸린 바다제비 ⓒ국립공원관리공단 철새연구센터

다 높이 자라다 보니 쇠무릎이 들어온 곳의 밀사초는 햇빛을 못 받아 죽게 되는 경우가 많다. 이때부터 밀사초 아래 부드러운 땅에 둥지를 파고 살던 바다제비들이 둥지를 드나들다 쇠무릎 종자에 날개가 걸리는 일이 많아지기 시작했다.

그래서 한 발만 잘못 디뎌도 절벽 아래 바다로 미끄러질 것 같은 급경사에서 국립공원관리공단 직원들과 조류, 식물 연구자들은 바다제비를 죽음으로 몰고 가는 쇠무릎을 뽑아내고, 이 섬의 자생식물인 밀사초를 심느라 구슬땀을 흘렸다. 육지에서야 간단한 작업일 수 있지만 목포항에서 배로 2시간 30분 거리인 칠발도에서는 고난도의 작업이었다. 칠발도에 자주 드나드는 연구자들은 "칠발도에 들어가려면 파도가 거세서 배가 요동치는 구간을 꼭 거쳐야 해요. 거길 지날 땐 내가 여기서 뭘 하고 있나 하는

국립공원관리공단 직원들과 조류, 식물 연구자들은 바다제비를 죽음으로 몰고 가는 쇠무릎을 뽑아내고, 이 섬의 자생식물인 밀사초를 심느라 구슬땀을 흘렸다. ⓒ국립공원관리공단 철새연구센터

생각이 들어요." 하며 웃음을 지었다. "롤러코스터 타는 것 같긴 했지만 그럭저럭 참을 만하던데요?"라고 묻자 돌아온 대답은 "오늘은 보기 드물게 바다가 평온했던 날이에요. 운이 좋으셨던 거예요."였다.

　선착장이 없어서 암벽에 늘어선 사람들이 밀사초를 담은 상자를 손에서 손으로 건네는 식으로 배에서 섬으로 옮겨야 했다. 자칫 둥지를 밟을 위험이 있어서 많은 인원이 한꺼번에 작업을 하기도 힘들었다.

　쇠무릎을 제거하는 작업을 하는 중에도 쇠무릎과 밀사초가 섞여 있는 곳 아래의 둥지에서는 부화하지 못해 썩은 상태의 알이 여러 개 발견됐다. 둥지 안 여기저기에서는 솜털이 부풀어 올라 있는 새끼 바다제비들도 여러 마리 눈에 띄었다. 어미 바다제비가 열매의 가시에 걸려 죽으면 둥지 안의 새끼도 어미의 보살핌을 받지 못해 굶어 죽게 된다. 종자가 새에게 잘 달라붙게 진화한 것은 쇠무릎에게는 동물을 이용해 종자를 퍼뜨리기 위한 전략이었지만 애꿎은 바다제비들이 걸려들어 희생양이 되고 있었다.

　이런 식으로 쇠무릎을 제거하는 작업이 시작된 것은 2011년부터이다. 그대로 두면 바다제비의 수가 급감할 수도 있다는 위기감이 번지면서 섬을 관리하는 국립공원관리공단과 신안군청 등 여러 기관이 쇠무릎을 제거하는 작업에 협력하기로 뜻을 모았다. 2014년부터는 단순히 쇠무릎을 제거하는 것만으로는 부족했다. 사람이 접근하기 힘든 절벽이 많아 쇠무릎을 아예 없애기는 힘들기 때문이었다. 국립공원관리공단과 고구려대학교 남도생태연구소는 2014년부터는 쇠무릎을 없애는 동시에 그 자리에 밀사초를 심는 작업을 시작했다. 육지에서 밀사초를 키워 칠발도에 옮겨 심고, 밀사초가 쇠무릎과 서식지 경쟁을 하면서 자연의 힘으로 원모습을 찾아가도록 하기 위한 조치였다. 2014년 6월부터 8월 사이 섬에 이식한 밀사초는 모두 16,000개체에 달한다. 바다제비가 쇠무릎 종자에 걸리는 것을 완벽하게 막을 수는 없겠지만 밀사초 군락이 넓어지면 넓어질수록 불필요한 희생은 줄어들 것이다.

밀사초만 좋아하는 바다제비

바다제비는 부리와 발을 이용해 밀사초 밑 땅에 둥지를 파놓고 다음 해에도, 또 다음 해에도 같은 곳을 이용하는 습성이 있다. 국립공원 연구원 철새연구센터 박창욱 연구원에 따르면 바다제비뿐 아니라 바닷새들은 대부분 귀소본능이 있는 것으로 알려져 있다. 그런데 바다제비가 칠발도에 있는 숱한 풀들 중에서도 유독 밀사초를 선호하는 것은 밀사초 아래 흙이 부드러워 둥지를 짓기 편하기 때문이다. 밀사초는 바닷가 암벽과 바위틈의 얕은 토양에서 자라며 여러 개체가 뿌리가 얽힌 상태로 무더기를 이루는 식물이다. 여러 개체의 밀사초가 모여 사는 군락(같은 생육 조건에서 떼를 지어 자라는 식물 집단)에서는 죽은 밀사초가 부식

밀사초 군락 ⓒ고경남

되어 쌓이는 현상이 반복되면서 흙이 점점 더 부드러워지고 비옥해진다. 밀사초의 뿌리 덕에 둥지가 잘 무너지지도 않으니 땅에 둥지를 만드는 바닷새들이 밀사초를 편애하게 되는 것이다.

밀사초를 좋아하는 것은 바다제비만이 아니다. 다양한 조류가 밀사초 밑 부드러운 땅을 파서 둥지로 이용한다. 오스트레일리아 필립아일랜드의 펭귄들도 밀사초를 좋아하는 새들 중 하나로 알려져 있다. 밀사초의 뿌리는 비가 많이 내려도 흙이 쓸려 나가지 않도록 붙들어 놓으면서 칠발도의 생태계를 안정시키는 데 중요한 역할을 담당하고 있다.

쇠무릎을 비롯해 섬의 입장에서 볼 때 외래종인 식물들이 번져 나가는 현상은 칠발도뿐 아니라 여러 섬에서 벌어지고 있는 현상이다. 인근 구굴도와 독도처럼 암반으로 이뤄진 섬에서는 밀사초가 줄어들고, 그 자리를 다른 식물이 차지하는 일이 벌어지고 있다. 칠발도에는 밀사초 외에도 쑥, 무화과 등 다양한 식물들이 육지에서 들어와 있는 상태다. 실제 섬 꼭대기인 등대 주변에서는 쉽게 무화과 나무를 볼 수 있다.

신비의 새

사실 바다제비의 생태는 구체적으로 알려져 있지는 않다. 대부분 개체가 국내에만 서식하는 탓에 외국에서도 연구가 많이 진행되지 않았고, 국내 연구도 이제 초기 단계인 탓이다. 구체적인 이동 경로 역시 연구 중이다. 철새연구센터에서는 바다제비 다리에 가락지를 끼워 보내 다음 해에 같은 둥지로 돌아오는지를 확인하고 있다.

바다제비의 새끼는 어미보다 몸무게가 많이 나가는 신기한 생태를 가지고 있다. 바다제비 새끼는 어미가 부지런히 물어다 주는 먹이를 열심히 받아먹으며 최대 60그램 정도까지 몸무게를 불린다. 성체가 되면서 바다제비는 살이 조금씩 빠지기 시작해 몸무게가 40그램 정도까지 줄어든다. 자랄 때는 영양분이 많이 필요하기 때문에 몸을 불렸다가 커서는 비행을 위해 몸을 가볍게 만드는 것이다. 어미는 날렵하고 미끈한 반면 새끼는 동글동글 통통하게 살이 쪄 귀엽다.

바다제비가 칠발도와 인근 구굴도에만 오는 이유도 아직 밝혀지지 않은 상태다. 주변의 다른 섬들도 그렇지만 칠발도는 새들의 천국이라 불리기에 손색이 없는 곳이다. 면적은 36,993제곱미터에 불과하지만 바다제비, 매, 물수리, 벌매, 새매, 흑비둘기, 긴꼬리딱새, 칼새, 섬개개비 등 흔히 보기 힘든 다양한 새들이 번식하고 휴식한다. 여름 철새들이 이동하는 길목에 있는 중간 기착지이자 번식지로서 중요한 가치가 있는 곳이기에 섬 자체가 천연기념물로 지정되어 있고, 유네스코도 이 섬을 생물권보전지역으로 지정했다.

섬을 찾았던 날에도 곳곳에서 다양한 새들을 볼 수 있었다. 늘 조용하던 곳에 국립공원관리공단 직원들과 취재진, 연구진 등 수십 명의 사

쏙독새 ⓒ국립공원관리공단

람들이 몰려든 탓에 철새들이 쉽게 모습을 드러내지는 않았다. 하지만 숨을 죽이고 가만히 숲을 지켜보자 몇 분도 지나지 않아 여기저기서 새들이 눈에 띄기 시작했다.

솔새는 숲 속에서 바쁘게 움직이고 있었고, 쏙독새는 아무도 자신을 발견하지 못하리라 자신하는 듯 콘크리트 바닥 위에 몸을 눕힌 채 가만히 쉬고 있었다. 콘크리트 색보다 몸 색깔이 더 진한 색인 탓에 많은 이들이 자신을 지켜보고 있는 것도 모른 채 말이다. 쏙독새는 바다보다는 산에서 많이 발견되는 새로, 흙과 비슷한 보호색을 가지고 있다. 대부분 새들이 나무 위에 앉아 쉬는 것과는 달리 땅바닥에 앉아서 가만히 움직이지 않고 휴식을 취하는 습성이 있다.

이름에서 짐작할 수 있듯이 칠발도라는 이름은 간조와 만조에 따라 섬이 7개로 보였다, 8개로 보였다 한다는 뜻의 '칠팔도'가 변한 것이다. 부산의 오륙도와 같은 경우인 셈이다. 1905년 정상에 설치된 등대에 1996년까지는 사람이 살았으나 지금은 무인으로 운영되고 있다. 인근 구굴도는 전 세계에 10,000마리도 남아 있지 않은 것으로 추정되는 국제적 멸종 위기종 뿔쇠오리가 사는 곳으로 유명하다. 바다제비와 슴새 등 희귀한 여름 철새들의 번식지이기도 하다.

칠발도와 구굴도 두 섬은 모두 일반인들이 가기는 어려운 곳이다. 특히 칠발도는 앞으로 소수의 연구자들을 제외하고는 아무도 들어가지

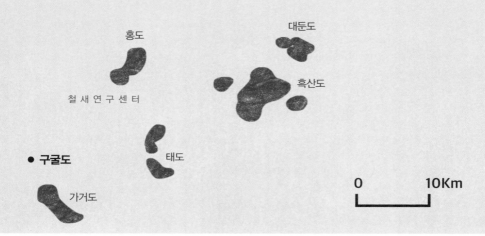

신 안 군

대둔도

홍도

흑산도

철 새 연 구 센 터

● **구굴도**

태도

가거도

0   10Km

못하는 섬이 되었다. 국립공원관리공단이 철새 보호를 위해 2015년부터 섬에서 500미터까지 바다를 특별보호구역으로 지정해 출입을 제한했기 때문이다. 사람들도 힘을 보태기는 하지만 자연의 힘으로 칠발도의 생태계를 복원하려는 것이다.

바다제비

슴샛과의 바닷새인 바다제비는 4월에 한국, 중국, 일본, 대만에 찾아와 번식하고, 10월쯤 동남아시아로 날아가는 여름 철새다. 바다 표층에 서식하는 소형 어류, 치어(새끼 물고기), 새우류, 플랑크톤을 먹이로 삼는다. 겉모습은 육지에서 볼 수 있는 제비와 약간 비슷하지만 발에 물갈퀴가 있다는 점이 큰 차이점이다. 바닷새들은 대부분 바다에 떠 있다가 도약할 때를 위해 발에 물갈퀴를 지니고 있다.

선도
고이도
병풍도
매화도

● **칠발도**

자라도

우이도

신안군과 인근 섬들

쇠무릎

한방에서 무릎 관절에 좋은 풀로 알려져 있는 쇠무릎은 현재 다른 다양한 용도로 쓰이는 약초이다. 쇠무릎의 뿌리는 강장제, 이뇨제, 해열제로 사용되고, 줄기와 잎은 독사에 물렸을 때 해독제로 쓰인다. 들판이나 길가 둑에서 흔히 볼 수 있는데 50~90센티미터까지 자란다.

칠발도뿐 아니라 여러 섬에서 외래종 식물들이 번져 나가고 있다. 칠발도에는 밀사초 외에도 쑥, 무화과 등 다양한 식물들이 육지에서 들어와서 섬 꼭대기인 등대 주변에서는 무화과 나무를 쉽게 볼 수 있다. 인근 구굴도와 독도처럼 암반으로 이뤄진 섬에서는 밀사초가 줄어들고, 그 자리를 다른 식물들이 차지하고 있다. 독도에서도 외래종인 쇠무릎이 바다제비들의 생존을 위협한 바 있다. 국립공원연구원이 '2009 국제철새 심포지엄'에서 발표한 연구 결과에 따르면 쇠무릎의 증가로 독도의 바다제비 개체 수는 200~300마리까지 줄어들었다. 이후 울릉군이 적극적으로 쇠무릎을 제거하기 시작하면서 쇠무릎에 걸려 죽는 바다제비의 수는 크게 줄어든 상태다.

길에서 죽어 가는 동물들

호랑이보다 무서운 천적

호랑이, 표범, 늑대처럼 먹이사슬에서 윗자리를 차지하는 맹수들이 사라진 한반도 남쪽의 산과 들에서 초식동물이나 작은 동물들의 천적은 '무엇'일까?

'어떤 동물'이 아닌 '무엇'이라고 묻는 이유는 그 천적이 동물 아닌 무생물, 바로 자동차이기 때문이다.

흔히 '로드킬'이라고 부르는 자동차 사고로 죽어 가는 동물들은 수백 마리인지, 수천 마리인지 모를 정도로 많다. 하지만 아직 한국 전역의 일별, 월별, 연별 전체 로드킬 발생 건수나 동물별 사고 건수가 얼마 정도인지는 집계되지 않고 있다.

위험천만 '로드킬'

차를 타고 지방 도로를 달리다 보면 어떤 날은 10마리도 넘는 동물의 사체를 보게 될 때도 있다. 일부 통계에서 고라니를 로드킬로 가장 많이 희생되는 야생동물이라고 꼽는 것처럼 곳곳에 쓰러져 있는 고라니를 볼 때면 마음이 아파질 수밖에 없다. 족제비나 오소리, 너구리 같은 작은 동물들의 사체는 자동차 바퀴에 너무 많이 밟히다 보니 너덜너덜한 천 조각처럼 변해 있는 경우도 많다.

고속도로에서 시속 100킬로미터 정도로 빨리 달리는 자동차와 부딪치는 것은 멧돼지나 고라니, 너구리, 토끼 등의 동물에게 치명적인 일이다. 그 자리에서 죽는 경우가 많을 수밖에 없다. 지방의 국도나 지방도로의 경우는 제한속도가 60~80킬로미터 정도인데 이 정도 속도 역시 작은 동물들을 죽음으로 몰고 가기에는 충분하다. 더욱이 차나 사람이 많이 다니지 않는 지방도로에서는 운전자들이 과속을 하는 경우가 많고, 동물들의 희생도 많아질 수밖에 없다.

로드킬은 동물을 죽음으로 몰고 갈 뿐 아니라 사람들도 위험하게 만든다. 놀란 운전자가 급정거를 할 경우 뒤차에 들이받힐 가능성이 높고, 차선을 바꾸다가 다른 차량과 충돌할 수도 있기 때문이다. 생태통로 조성을 비롯해 동물들의 로드킬을 줄이기 위한 노력은 잠재적인 피해자가 될 수 있는 사람들을 위한 길이기도 한 것이다. 통계에 따르면 2012년 한 해에만 로드킬로 인한 교통사고가 14건 발생해 2명이 사망하고, 27명이 부상을 당했다. 내비게이션에서 동물이 자주 출현하는 지역이라는 안내가 나온다면 스스로의 안전을 위해서도 속도를 낮추는 것이 바람직하다.

2011~2013년 국도 및 지방도로 로드킬 동물별 현황

V

동물	개체 수	비율
다람쥐	569	14.4%
너구리	538	13.6%
족제비	418	10.6%
고라니	364	9.2%
청설모	243	6.2%

(자료 제공: 국립생물자원관)

2011~2013년 국도 및 지방도로 로드킬 연도별 현황

연도	개체 수
2011	1,407
2012	1,305
2013	1,234
합계	3,946

(자료 제공: 국립생물자원관)

2011~2013년 전체 개체 수

동물	2011년	2012년	2013년
다람쥐	187	239	143
너구리	185	161	192
족제비	165	124	129
고라니	109	123	132
청설모	92	92	59
무당개구리	84	–	–
꿩	–	75	71
유혈목이	–	53	62
멧토끼	–	44	–
능구렁이	–	44	–
누룩뱀	–	36	–
멧비둘기	–	–	60
까치	–	–	38
누룩뱀	–	–	34

(자료 제공: 국립생물자원관)

2009~2013년 로드킬 연도별 현황

연도	발생 횟수
2009	1,895
2010	2,069
2011	2,307
2012	2,360
2013	2,188

(자료 제공: 한국도로공사)

2009~2013년 로드킬 동물별 현황

동물	발생 횟수
고라니	9,078
너구리	1,083
멧돼지	142
멧토끼	198
삵	113
오소리	102
족제비	58
기타	45

(자료 제공: 한국도로공사)

안타까운 죽음

전국 고속도로를 관리하는 한국도로공사가 2009~2013년 5년간 고속도로에서 집계한 로드킬 수는 10,819마리에 달한다. 이 중에 고라니가 9,089마리(84퍼센트)로 압도적으로 많다. 반면 국립생물자원관 자료에는 고라니보다 다람쥐, 너구리, 족제비 등 작은 동물들 비율이 더 높다.

두 기관의 통계가 왜 이렇게 많이 다를까? 한국도로공사 자료에 고라니가 많이 집계되는 이유는 고라니가 전국 어느 곳에나 서식하며, 개체 수가 많은 것도 있지만 조사 방식의 한계도 작용하고 있다. 고속도로의 경우 차를 세워 놓고 현장을 전수 조사하는 것이 안전 문제로 인해 사실상 불가능하기 때문에 육안으로 잘 보이는 커다란 동물이 많이 집

(위) 희생당한 족제비 ⓒ공주대 충남야생동물구조센터
(아래) 희생당한 참새 ⓒ국립생물자원관

계될 수밖에 없다. 고라니처럼 큰 동물들은 사체가 온전히 남아 있지 않더라도 확인하기 쉽지만 다람쥐나 너구리 등 작은 동물들은 차바퀴에 밟히면서 금방 어떤 동물인지 알아보기 힘들게 훼손되기 때문이다. 그래서 작은 포유류와 양서 · 파충류, 조류는 로드킬을 당해도 공식 통계로 잡히지 않는 경우가 많을 것으로 추정한다. 더군다나 고라니는 야행성인 데다 활동 반경이 넓어 도로를 건너려다 사고를 많이 당하고 있다.

통계가 크게 차이 나는 또 다른 이유는 한국도로공사는 고속도로를 주로 집계하는 반면, 국립생물자원관은 국도와 지방도로를 주로 집계하기 때문이다. 국도와 지방도로는 고속도로에 비해서는 차를 세워 놓고 육안으로 조사하기 쉬운 편이니 작은 동물들도 많이 확인되는 것이다.

통계는 어디까지나 사람이 확인한 범위 안의 조사 결과일 뿐 이보다 훨씬 많은 숫자의 동물들이 지금 이 순간도 전국 곳곳의 도로에서 차에 치여 죽어 가고 있다. 특히 서식지인 산에서 번식지인 논둑이나 물가로 집단 이동하는 개구리를 비롯한 양서류 역시 로드킬의 희생양이 되지만 얼마나 죽어 가는지 집계조차 되지 않고 있다.

죽어 가는 고라니

매년 고속도로에서 자동차에 치여 죽는 고라니 수가 1,000마리가 넘는다는 것은 매년 로드킬을 당하는 고라니의 수가 국도나 지방도로를 합할 경우 수천 마리로 늘어날 수도 있다는 이야기다. 앞에도 언급했지만 사실 고라니는 전국 어디를 가더라도 인적이 드문 길을 다니다 보면 비교적 쉽게 볼 수 있는 동물 중 하나다.

두루미를 취재하러 경기도 연천군 민통선 지역의 한탄강 유역을 갔을 때는 두루미와 고라니가 섞여서 먹이 활동을 하는 진귀한 장면을 본적이 있다. 2014년 1월의 일인데 눈이 많이 내려 산에서 먹이를 찾기가 쉽지 않아서인지 고라니들은 사람들이 얕은 산에 일궈 놓은 땅콩밭에서 남은 땅콩을 찾아 돌아다니고 있었다. 국내에선 점점 살 만한 환경이 줄어드는 두루미나 먹이를 찾기가 힘든 고라니나 힘들고 쓸쓸해 보이긴 마찬가지였다.

고라니의 영어 이름은 'Water deer', 즉 물사슴인데 물이 많은 곳 근처에 사는 것을 좋아하고, 물에서 헤엄치는 것에도 능숙하다. 노루의 일종이기에 다른 노루들이나 사슴과 혼동되는 경우도 많다. 한국에서는 매년 수천 마리가 교통사고로 희생당하는 고라니가 사실 한국과 만주 지방에만 살고 있는 특산종이라는 것을 아는 이들은 많지 않다. 중국에서는 수가 줄어드는 고라니를 멸종 위기종으로 보호하고 있다는 사실도 마찬가지다. 하지만 고라니의 성격이 매우 민감한 탓에 야생 고라니에 관한 연구는 많이 진척되어 있지 않다.

동물이 다니는 길

사실 로드킬로 인한 피해를 동물만 입는 것이 아닌 것처럼, 로드킬의 책임 역시 자동차를 운전하다 동물을 들이받은 사람에게만 있는 것은 아니다. 산과 들뿐이었던 곳에 자동차 도로를 만든 이들부터 그 도로를 이용하는 이들, 주변 지역을 개발한 이들 모두가 동물들에게 미안한 마음을 가져야 한다. 동물들이 도로에 내려와 자동차에 치여 죽게 되는 이유는 다양하다. 우선 서식지가 도로로 끊기면서 먹이나 물을 구하기가 힘들어진 탓에 다른 곳으로 이동하려는 것일 가능성이 높다.

또 서식 지역에 사람들이 나타나거나 여러 형태의 개발로 인해 교란을 당했을 경우에 평소 살던 지역이 아닌 다른 지역으로 이동하기도 한다. 동물을 잡으려 하는 것뿐 아니라 동물들이 사는 지역을 마구 헤집어 놓는 것만으로도 예민한 동물들은 다시 그곳에 가지 않으려 할 가능성이 높다. 그래서 반달가슴곰이 사는 지리산은 물론 멧돼지가 살고 있는 산에 갔을 때 등산로가 아닌 샛길을 이용하거나 스스로 길을 내면서 이동하면 의도치 않게 동물들에게 피해를 주게 된다.

지금은 많이 줄었지만, 산에 올라가면 등산객들이 으레 외치는 "야호!" 소리도 동물들의 정상적인 생활을 방해한다. 만약 내 집 앞에 사람들이 떼로 몰려 와서 뜻 모를 소리로 마구 고함을 친다면 편하게 쉴 수 있을까? 이렇게 생각하면 동물들의 입장을 이해할 수 있을 것이다.

로드킬을 줄이는 근본적인 방법은 도로를 폐쇄하는 것이다. 하지만 이미 만들어서 이용하는 도로를 없애기란 쉽지 않다. 그래서 다른 방법으로 사람들이 고안해 낸 것이 바로 생태통로다. 도로로 끊어진 산과 산 사이를 육교나 터널 형태의 통로로 연결해 로드킬을 줄이려는 목적인데 '제대로' 만들지 않아 아직까지는 큰 효과를 보지 못하고 있다.

　　산이 높고 험한 강원도에서 차를 타고 가다 보면 가끔 산과 산 사이를 높은 육교로 이어 놓은 광경을 볼 수가 있다. 이 고가도로가 바로 생태통로라는 명목으로 지어 놓은 것들인데 동물들이 이용할지 안 할지 사전 조사도 안 하고, 사후 연구도 안 하는 예산 낭비의 대표적인 사례이다. 폭은 5~6미터 이하로, 철교에다가 흙을 좀 뿌리고 풀을 좀 심어 놓고, 사람이 건설하기 쉬운 곳에 지은 경우가 많은데 동물들이 실제 이용하는지 조사조차 이뤄지지 않고 있다. 주로 개발에만 신경 쓰는 국토교통부나 한국도로공사, 일부 지방자치단체들이 생태계를 신경 쓰고 있다며 생색만 내고 있다.

　　동물들이 이용할 만한 생태통로가 되려면 우선 천적의 눈을 피할 수 있는 은신처 구실을 할 곳이 있어야 한다. 동물들이 자연스럽게 다닐 수 있도록 주변 지역에서 흙을 가져오고, 역시 주변 지역과 같은 종류의 식물들을 심을 필요도 있다. 통로 폭도 7~10미터 정도로 넉넉해야 한다. 사람이 짓기 쉬운 곳이 아니라 동물들이 실제로 이동할 만한 곳에 만들기 위해 사전 조사를 철저히 해야 한다.

다행히 최근 사전 조사와 사후 모니터링을 철저히 실시하면서 실제로 동물들이 이용하는 모습이 무인 카메라에 관찰되는 '진짜 생태통로' 들도 생겨나고 있다.

야생동물이 도로로 넘어오지 못하도록 막는 유도 울타리는 예산은 많이 들어가지 않으면서도 효과가 좋은 대책이다. 유도 울타리가 도로 전 구간에 설치된다면 덩치가 큰 동물은 아예 도로로 넘어올 수가 없게 된다. 덩치가 작은 동물이나 새의 로드킬을 막지는 못하겠지만 말이다.

로드킬을 당한 동물을 발견한다면

죽은 동물을 발견했을 때 가장 우선으로 해야 할 일은 자신의 안전을 챙기는 일이다. 고속도로의 경우 대부분 지역에서 차를 세워 놓고 동물의 사체를 옮기는 것이 불가능하다. 동물의 사체가 더 이상 훼손되지 않도록 함과 동시에 다른 운전자들의 안전을 위해 가까운 한국도로공사 지점에 전화를 해서 알려 주는 것이 바람직하다. 한국도로공사는 현재 동물 사체를 생활 폐기물로 취급해 폐기물처리업체에 위탁 처리하고 있다.

국도나 지방도로의 경우라면 차를 안전한 곳에 정차해 놓은 다음 동물을 길가로 옮겨 주자. 동물 사체를 아무 곳에나 묻는 것은 위법이므로 더 이상 차에 밟히지 않도록 옮긴 후 해당 도로를 관리하는 지방자치단체에 알려 주면 된다. 다만 동물의 몸에 붙어 있는 벌레나 세균이 옮겨 올 위험이 있으므로, 맨손으로 만지지 말고 장갑을 착용하거나 도구를 이용해 옮기는 것이 바람직하다. 서울시의 경우 '120'번에 전화하면 동물 사체 처리 기동반이 출동해 사체를 수거하고 지정 폐기물 수거 업체로 보내 소각 처리하고 있다. 일부 지자체에서는 로드킬 발견 신고와 사체를 의료 폐기물로 처리한 후 신고하면 1~2만 원을 지급하기도 했다.

신고를 받은 지자체들은 동물 사체를 수거해 의료 폐기물 용기나 위생 비닐 등에 담아 냉동 보관하다가 의료 폐기물을 처리하는 업체에 맡겨 처분한다. 일부 지자체들은 아직 일반 종량제 봉투에 담아 생활 폐기물과 함께 동물 사체를 처리하고 있지만 시민들 정서에 맞지 않거나, 병균을 옮길 수도 있다는 이유로 점점 의료 폐기물로 처리하는 곳이 늘어나고 있다.

고라니, 노루, 사슴은 어떻게 다를까?

고라니와 노루는 모두 사슴과의 동물이다. 전체적인 겉모습은 모두 비슷한데 고라니가 몸길이 90센티미터 정도로 가장 작다. 고라니는 암수 모두 뿔이 없고, 송곳니가 입 밖으로 나와 있는 점이 노루, 사슴과 다르다. 고라니 암컷의 경우 꼬리가 짧은 점으로 노루나 사슴과 구별할 수 있다.

노루와 사슴의 수컷은 뿔이 있는데 사슴은 뿔이 여러 갈래로 갈라지는 반면, 노루의 뿔은 단순한 형태를 보인다. 야생에서 볼 수 있는 사슴은 대부분 농가에서 수입해 기르던 대만꽃사슴이다. 고라니나 노루보다 덩치가 크고 적응력이 뛰어난 대만꽃사슴 수가 빠르게 늘어나면서 고라니와 노루에게 위협이 된다는 우려가 나오고 있다.

▶ (왼쪽부터) 고라니, 사향노루 ⓒ국립생물자원관

어느날 그 길에서 　감독 황윤, 2008년

로드킬을 다룬 다큐멘터리 영화. 야생 삶 '팔팔이'가 차에 치인 채 발견된 후 건강을 회복해 방사됐으나 며칠 지나지 않아 사고를 당한 채 사체로 발견된 이야기를 비롯해 로드킬에 대해 연구하는 이들과 동행하며 촬영한 내용을 담고 있다.

▶속리산 대만꽃사슴 ⓒ국립공원관리공단

위기에
빠진
동물들

중국 어선들이 아무렇게나 버린 그물에
점박이물범이 걸렸다.
사실 해양 포유류가 그물에 걸려 죽는 일
은 흔히 일어난다.

다행히 점박이물범이 구조되었다. ⓒ해양과학기술원

잠꾸러기
붉은박쥐

최고의 잠꾸러기

한국 동물들 중 최고의 잠꾸러기는 누구일까? 하루 중 몇 시간을 자느냐로 승부를 낸다면 하루 중 3분의 2가량을 잠으로 보내는 고양잇과 동물들이 수면량 1위일 것이다. 하지만 한 번 잘 때 가장 오랫동안 자는 것으로 순위를 매긴다면 1위는 일명 '황금박쥐'로 불리는 붉은박쥐가 차지할 것이다. 붉은박쥐의 연중 수면 시간은 약 220일이나 되기 때문이다. 한 번 자면 7개월 넘게 깨어나지 않는 것이니 잠자기 대회가 있다면 1위는 무조건 붉은박쥐가 차지할 것이다.

1년의 60퍼센트 넘는 기간을 동굴이나 폐광 등 어둡고 습한 곳에서 동면하면서 보내는 붉은박쥐의 동면 기간은 겨울잠을 자는 다른 동물들과 비교해도 압도적으로 길다. 붉은박쥐 외의 다른 박쥐들의 동면 기간은 100~140일에 불과하다. 겨울잠을 자는 대표적인 동물인 곰의 동면 기간은 12월에서 4월, 개구리는 10월에서 3월 정도이다. 붉은박쥐가 동면에 들어가는 시기는 10월 정도로 이때 잠이 들면 이듬해 5~6월까지 동굴 벽에 매달린 채 거의 움직임을 보이지 않는 것으로 알려져 있다. 가을부터 초여름까지 잠을 자니 사실 겨울잠이라고 부르기도 무색할 정도다.

붉은박쥐는 1년 중 220일 정도 잠을 잔다. ⓒ환경부 영산강유역환경청

붉은박쥐가 한쪽 다리로 매달려 있던 이유

2014년 4월 1일 전라남도 함평군 고산봉의 폐광들에서 본 붉은박쥐들도 대부분이 깊은 동면에 빠져 있었다. 두 곳의 폐광에서 본 붉은박쥐들 중 잠에서 깨어나고 있는 듯한 박쥐는 딱 한 마리뿐이었다. 다른 박쥐들은 모두 두 다리의 발가락 10개로 돌벽이나 천장을 굳게 붙잡은 채 매달려 있었지만 한 마리만은 한쪽 다리로 벽에 매달려 있었다. 다른 한쪽 다리는 벽에서 떨어진 채 몸쪽으로 굽혀져 있었지만 박쥐는 한쪽 다리만으로도 미동도 없이 매달려 있었다.

붉은박쥐보다 좀 더 큰 크기의 관박쥐들은 벽이나 천장에 매달려 있기도 하고, 날아다니며 활발히 움직이기도 했다. 이날 함께 폐광들을 둘러봤던 환경부 영산강유역환경청의 전문가들은 한쪽 다리로 매달려 있던 박쥐에 대해 "서서히 잠에서 깨어나는 중인 것으로 보이네요. 붉은 박쥐는 다른 박쥐들과는 달리 잠에서 완전히 깨면 굴 밖으로 나가서 동면을 시작할 때까지 굴에 돌아오지 않아요."라고 설명했다. 붉은박쥐는 초여름이 되어 잠에서 깨어나면 숲으로 나가는데 가을에 동면에 들어갈 때가 되어야 다시 동굴이나 폐광으로 돌아온다는 이야기다.

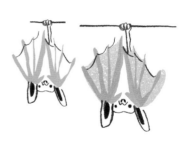

귀여워서 멸종 위기

황금박쥐라는 애칭은 붉은
박쥐의 털 빛깔이 빨간색이라기
보다는 붉은빛을 띤 노란색이기
때문이다. 실제로 가까이서 보
니 어른 주먹의 절반도 안 되는
크기에 앙증맞기까지 했다. 동
물을 잘못된 방식으로 좋아하는
이들이라면 집에서 키우면서 보

붉은빛을 띤 노란색이기 때문에 황금박쥐라는 별명이 생겼다.
ⓒ환경부 영산강유역환경청

고 싶다는 생각이 들 정도로 보였다. 동면 기간이 길고, 습도에 민감한
붉은박쥐를 집에서 기르는 것은 대부분의 사람들에게 불가능하겠지만
말이다.

붉은박쥐처럼 귀엽게 생긴 동물들은 그 겉모습 때문에 멸종 위기를
맞이하게 되는 경우도 있다. 2013년 겨울 동남아시아의 미얀마를 찾았
을 때 증식장에서 버마별거북(Burma Star Tortoise)을 사육하고 있었다. 이
거북을 애완동물로 기르고 싶어 하는 중국인이 많아서 야생에서는 극히
찾아보기 힘든 상태라고 한다. 미얀마 정부가 중부의 바간 지역에서 약
1,500마리를 키우면서 증식 노력을 기울이고 있지만 밀렵꾼들 때문에
골머리를 앓고 있다. 애써 버마별거북들을 길러서 풀어놓으면 미얀마인
밀렵꾼들이 중국인들에게 팔아넘기려고 바로 잡아가 버리는 것이다.

버마별거북은 바다거북이 아닌 육지거북의 일종이라 집에서 키우는 것이 어렵지 않을 것이다. 하지만 붉은박쥐는 온도와 습도 조절 때문에 집에서 기르는 것이 불가능하다. 붉은박쥐를 애완동물로 기르려고 잡아가는 것은 이 박쥐를 죽이는 일이나 다름없다. 다행히 국내에선 붉은박쥐를 애완동물로 삼는 사람이 없지만 양호한 서식 환경이 빠르게 줄어들다 보니 이 박쥐들은 현재 멸종 위기에 빠진 상태다. 2013년 환경부 국립생물자원관이 실시한 '멸종 위기 야생 생물 분포 조사'에서는 모두 291마리가 확인됐다. 아직 발견되지 않은 박쥐들이 많이 존재할 가능성도 있지만 세심하게 지켜봐야 하는 종인 것만은 분명한 사실이다.

버마별거북 ⓒ김기범

　독수리는 왜 까치에게 쫓겨다닐까?

대부분의 경우 자연에 서식하는 동물의 개체 수를 확인하는 것은 불가능하다. 한국의 산과 들을 전수 조사할 수도 없거니와 전수 조사를 한다 해도 해당 동물들을 다 발견할 수 있다는 보장도 없다. 하지만 박쥐의 경우는 조금 다르다. 박쥐 역시 한국에 어떤 박쥐가 정확히 몇 마리 살고 있다고 말할 수 있는 것은 아니지만 적어도 어느 동굴에 몇 마리가 살고 있다고 말할 수는 있다. 동면 중인 박쥐의 수를 세면 되기 때문이다. 앞서 언급한 전남 함평에서는 모두 22개의 폐광에서 91마리가 확인됐다.

붉은박쥐의 폐광 사랑

그런데 붉은박쥐들이 유독 폐광을 찾아 동면하는 이유는 무엇일까? 전문가들은 폐광 내부의 온도와 습도가 일정하게 유지되기 때문에 붉은박쥐들이 폐광을 선호하는 것으로 분석하고 있다. 1년 중 7~8개월에 달하는 긴 동면 기간에 일정한 기온과 습도가 유지되지 않는다면 중간에 깨어나게 되어 무사히 동면기를 넘길 수 없기 때문이다. 붉은박쥐는 주로 섭씨 12~13도의 온도, 90퍼센트 이상의 습도가 유지되는 동굴을 선호한다. 단순히 폐광의 환경을 좋아해서가 아니라 겨울잠을 자는 동안 살아남기 위한 선택인 셈이다. 함평을 찾았던 날 전남 지역의 낮 최고 기온은 섭씨 21~23도까지 올라갔었지만 폐광 안의 기온은 섭씨

10~15도 정도로 느껴졌다. 더운 느낌이 없었음에도 동굴 밖에 나오자 몸에 물기가 남아 있을 정도로 높은 습도가 유지되고 있었다. 영산강유역환경청에 따르면 폐광 안에서는 함평의 연평균 기온인 섭씨 13도 정도가 연중 유지되고 있다. 동굴 내부의 일부 장소는 동굴 밖 연평균 기온과 거의 비슷하게 기온이 유지되는 '항온 지역'인데, 인위적으로 만들어 놓은 폐광 쪽이 오히려 자연 동굴보다 항온 지역의 범위가 넓게 나타나는 경우도 많다. 자연 동굴에도 항온 지역이 있기는 하지만 일정한 온도·습도 조건을 충족시키는 곳은 많지 않다.

붉은박쥐들은 보통 2~3마리씩, 때로는 혼자 외딴 곳에서 잠자고 있었다. 보통 박쥐들은 체온 유지를 위해 한곳에 모여서 동면하는 경우가 많은데 2~3마리씩, 또는 혼자 동면을 한다는 것은 그만큼 폐광이 동면에 적합한 환경이라는 증거이기도 하다. 폐광에는 박쥐뿐만 아니라 많은 동굴성 동물이 살고 있다. 붉은박쥐가 살고 있는 함평의 폐광 속에서도 국내 동굴에서 가장 많이 발견되는 박쥐인 관박쥐들이 곳곳에서 눈에 띄었다. 이날 폐광에서 확인한 17마리의 관박쥐 중에는 벌써 잠에서 깨어나 비막을 퍼덕이며 날아다니는 개체도 있었다.

붉은박쥐의 보호를 위해 영산강유역환경청은 고산봉 일대를 철저히 관리하고 있었다. 붉은박쥐가 확인된 지역에는 감시원 2명을 배치하고, 길목에는 차단기를 설치해 놓았다. 폐광 입구가 사람이

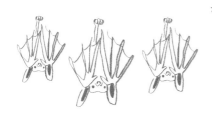

들어갈 수 있는 크기인 경우에는 쇠창살을 설치해 출입을 차단하고 있었다. 언뜻 봐서는 폐광 입구라는 것을 알아채기 힘든 곳도 많고, 대부분의 폐광이 한 번 들어갔던 사람들도 다시 찾아가기 힘든 위치에 있긴 하지만 만에 하나를 대비하기 위한 조치이다. 붉은박쥐 서식지를 조사하고 있는 환경부 국립생물자원관이 박쥐들의 구체적인 서식지와, 서식지마다 몇 개체가 살고 있는지를 공개하지 않는데, 이 역시 박쥐를 보호하기 위해서다.

박쥐는 이중적인 동물일까?

그런데 박쥐는 정말 새와 들짐승 사이를 왔다 갔다 하는 이중적인 동물일까? 이솝 우화 속의 박쥐 이야기는 사실 박쥐 입장에선 무척 억울한 내용이다. 박쥐는 조류와는 전혀 상관이 없는 포유류 박쥐목에 속하는 어엿한 '들짐승'이다. 언뜻 날개처럼 보이는 부분은 비막(飛膜)이 붙어 있을 뿐 날개 구실을 하는 '앞다리'이다. 날아다니면서 곤충들을 잡아먹기 편하도록 진화했을 뿐인데 사람들이 날개가 있다는 이유로 색안경을 끼고 볼 뿐인 것이다.

사실 많은 이들이 박쥐를 이중성의 상징으로 여기고, 징그러운 동물이라고 생각하게 된 것은 서양 문화의 영향 때문이다. 이솝 우화에서 날짐승과 들짐승 사이를 오가며 간사한 모습을 보이는 박쥐나, 흡혈귀

박쥐는 생김새 때문에 이중적인 동물로 오해받는다. ⓒ환경부 영산강유역환경청

가 변신하거나, 부하로 써먹는 박쥐는 모두 우리 조상들이 본 박쥐와는
거리가 멀다. 오히려 박쥐를 뜻하는 한자 '복(蝠)' 자가 복을 뜻하는 '복
(福)' 자와 소리가 같아서 예로부터 중국과 우리나라에서는 박쥐를 복을
가져다주는 동물로 여겼다. 여성들이 차고 다니던 장신구인 노리개에도
박쥐 모양을 새겨 넣었고, 가구나 옷에도 박쥐 문양을 넣었다.

　게다가 박쥐는 식물을 수정시키고, 많은 모기를 잡아먹는 등 생태
계의 균형을 유지하는 데도 큰 공을 세우고 있는 동물이다. 몸집이 큰
박쥐들은 주로 과일이나 식물의 꽃에 있는 꿀을 먹고 사는데 이때 자연
스럽게 꽃가루를 옮긴다. 작은 박쥐들은 주로 곤충을 먹고 사는데 자기
몸무게의 절반 무게 정도의 먹이를 먹어 치운다. 매일 먹어 치우는 모기

만 해도 수천 마리에 달한다고 하니 박쥐가 없어진다면 모기 개체 수가 크게 늘어나리라는 것을 쉽게 짐작할 수 있다. 중국의 고급 요리인 모기 눈알수프는 박쥐가 모기 몸에서 눈알만은 소화시키지 못하는 것을 이용한 요리라고 한다. 중국 쓰촨성 곳곳의 동굴에 사는 박쥐들이 남긴 배설물을 걸러내 눈알만 채집해서 요리를 만드는데 한 그릇 가격이 수백만 원을 호가한다고 한다.

붉은박쥐

붉은박쥐는 박쥐목 애기박쥣과의 동물로 수명은 12~20년이다. 꼬리를 뺀 머리와 몸의 길이는 4.5~7센티미터, 날개로 오인되곤 하는 비막이 붙어 있는 앞다리의 길이는 4.5~5.2센티미터이다. 비막에 검은 반점이 있고, 귀의 가장자리는 검은색으로 둘러져 있다. 10월 중하순쯤 교미 후 암컷이 정자를 자궁이나 난관 내에 저장하고 있다가 이듬해 봄에 수정해 먹잇감인 곤충이 가장 많은 초여름에 새끼를 분만하는 특이한 번식 방식을 갖고 있다. 붉은박쥐의 동면 기간은 동면을 하는 온대성 박쥐 중 가장 긴 것으로 알려져 있다. 국내에서는 1924년 황해도 해주에서 처음 확인됐으며 개체 수는 적지만 전국 곳곳에 서식하는 것으로 알려져 있다.

사라져 가는 점박이물범

멸종 위기에 처한 점박이물범

멸종 위기에 처한 숱한 동물들 중에서도 높은 관심을 받는 동물들이 있다. 수달, 반달가슴곰, 산양, 담비 등 주로 귀엽거나 사람들에게 친숙한 동물들의 이야기는 인기가 높다 보니 기사도 많이 나오는 편이다. 그중에서도 사람들의 관심을 많이 받는 동물이 바로 점박이물범이다. 2014년 인천 아시안게임의 마스코트로도 선정된 백령도의 점박이물범은 1940년대만 해도 8,000마리에 달했지만 2014년에는 30분의 1에 불과한 200~300마리로 줄어들었다.

최근 몇 년 동안은 보호 노력을 기울인 덕분에 어느 정도 안정적인 수를 유지하고 있는 것으로 보이지만 여전히 멸종 위기에 놓여 있다. 특

점박이물범 ⓒ김기범

히 꾸준히 나타나는 새로운 위협 요인들은 점박이물범의 멸종 위기를 점점 앞당기고 있다.

점박이물범아, 내년에도 꼭 돌아와!

충청남도 서산과 태안 사이 가로림만에서 관찰되는 점박이물범들은 최근 몇 년 사이 서식지를 잃을 뻔한 위기를 가까스로 넘겼다. 만 입구에 조수 간만의 차를 이용한 조력발전소를 짓기 위해 방파제를 쌓는 방안이 추진되었기 때문이다. 국내에서는 드물게 입구가 북쪽으로 나 있고 바다가 호리병 형태를 이루고 있는 가로림만에는 매년 3~9마리의 점박이물범이 찾아오는데 방파제가 생기면 점박이물범은 더 이상 가로림만으로 들어올 수 없게 된다.

가로림만으로 들어오지 않고 다른 데서 먹이 활동을 하면 되지 않겠느냐고 생각할 수도 있겠지만 안정적으로 먹잇감을 풍부하게 확보할 수 있는 곳을 다시 찾아내는 것은 그리 쉬운 일이 아니다. 방파제를 쌓아 버리면 중국 랴오둥성 보하이만(발해만)으로 겨울을 나기 위해 떠났다가 봄에 돌아온 점박이물범들은 방파제에 가로막혀 어쩔 줄 몰라 하다 먹이 부족으로 죽어 가게 될 가능성이 높다.

다행히 환경부는 2014년 10월 가로림만 조력발전소를 건설하려던 이들이 작성한 환경영향평가 관련 서류들이 부실해 다시 작성해야 한다는 판단을 내렸다. 조력발전소를 건설하려던 이들이 갯벌 매립을 위해 받아 놓은 허가가 11월 마감된 탓에 일단 조력발전소 건설 계획은 무산된 상태다. 언제 다시 조력발전소를 만들려는 계획이, 점박이물범 입장에서 보면 서식지를 통째로 빼앗기는 어두운 그림자가 다시 드리울지는 모르지만 말이다.

환경부의 결정이 내려지기 8일 전인 2014년 9월 28일, 가로림만을 찾아 주변 마을 어촌계장님의 배를 타고 나가서 본 점박이물범들은 태평한 모습으로 모래톱 위에서 모래찜질을 하고 있었다.

"저기 2마리가 보여요."

"어디요, 어디?"

"저기 모래 위에 점 같은 거 2개요."

망원경으로 먼저 점박이물범을 발견한 사람들이 알려 주는 소리에 배에 탄 이들은 눈을 크게 뜨고 모래톱 위를 바라봤다. 가로림만 내 웅도 선착장에서 어선을 타고 15분쯤 달려가서 만난 모래톱에는 점박이물범 2마리, 나중에 알고 보니 3마리가 누워 있었다. 어선 엔진을 끄고, 물길을 따라 서서히 다가가니 육안으로도 점박이물범들이 보이기 시작했다. 2마리인 줄 알았는데 3마리였던 것은 오동통한 녀석 뒤에 다른 점박이물범이 가려져 있었던 탓이었다. 어쩐지 2마리 중 1마리가 너무 길다 싶었다.

점박이물범 3마리 ⓒ김기범

어민들은 알고 있다

평생을 가로림만에서 살면서 점박이물범을 봐 온 어민도 탄성을 질렀다. "정말 운이 좋네. 이렇게 모래톱 위에 올라와 있는 건 1년에 한두 번 볼까 말까여. 이제 이거 이상 좋은 장면은 못 봐." 어선이 조금씩 접근하자 점박이물범들은 눈치를 챘는지 물속으로 풍덩 뛰어들어 버렸고, 조금 후 모래톱과 인근의 서산시 대산읍 오지리 해변 사이에서 거대한 두더지 게임이 시작됐다. 무슨 얘긴가 하면 모래톱에 내려 숨을 죽인 채 점박이물범을 관찰하는 이들의 눈에는 잠수했다가 숨을 쉬기 위해 물 밖으로 나온 점박이물범들이 꼭 두더지 게임처럼 요기서 하나, 저기서 둘 하는 식으로 보였다는 이야기다. "저기 2마리 나왔어요! 저기 또 나왔어요!" 하는 이야기들을 주고받으면서 관찰한 점박이물범의 수는 모두 5마리였다.

"11월 20일이면 점박이물범들은 다 올라가. 하루 이틀 차이 정도지. 늘 그 정도여."

가로림만의 점박이물범들이 언제 만에 돌아왔는지, 언제 만을 떠나 중국으로 갔는지 가장 정확하게 아는 것은 어민들이다. 수십 년을 살아오면서 관찰한 '살아 있는 모니터링 기록'이 그들의 머릿속에 들어 있기 때문이다. 2014년 4월 중순 대산읍 오지리를 찾았을 때도 주민들에게서 "올해도 벌써 점박이물범님이 오셨다."는 이야기를 들었다. 그물에 걸려든 물고기의 내장을 파먹는 습성 덕분에 모습이 보이지 않아도 어민들은 누구보다 먼저 점박이물범이 나타난 것을 알 수 있다는 것이었다.

어민들은 "어린 시절부터 늘 봐 왔어. 점박이물범인지는 몰랐고, 물개라고들 불렀지."라고들 입을 모아 말했다. 가로림만에서도 점박이물범을 볼 확률이 가장 높은 곳은 점박이물범들이 두더지 게임을 벌였던

점박이물범은 물개와 비슷하게 보인다. ⓒ김기범

오지리 앞바다의 작은 섬 옥도 부근이다.

　가로림만(加露林灣)의 한자를 풀이하면 조금씩 다르게 해석할 수는 있겠지만 '숲에 이슬을 더해 주는 바다'라는 운치 있는 이름이 된다. 숲에 이슬을 더해 주는 가로림만의 바다는 어민들에게는 갯벌에 캐도 캐도 끝이 나지 않을 만큼, 다양하고 많은 생물들을 공급해 주는 삶의 원천이기도 하다. 지금도 가로림만 갯벌에선 물이 빠지는 간조 때면 동네 주민들이 바지락을 캐고, 망둑어를 잡는 모습을 쉽게 볼 수 있다. 땀 흘려 일한 만큼 '저금통장' 같은 역할을 하는 갯벌이니 주민들에게는 조력발전소를 짓는다는 이야기가 마른하늘에 날벼락이었을 것이다. 더욱이 조력발전소는 화력발전소보다 건설비용은 많이 들고, 발전용량과 효율은 낮은 데다 환경 파괴도 극심한 발전 방식이어서 녹색에너지라 부르기가 민망할 정도다. 점박이물범들을 모두 죽이고 어민들의 생업을 막으면서까지 지어야 할 것은 아니었던 것 같다.

기후변화의 희생양이 된 점박이물범

국내에서 가장 많은 점박이물범이 관찰되는 곳은 백령도이다. 백령도 주변의 바위 위에서 점박이물범들이 따뜻한 햇살을 받으며 낮잠을 자는 모습이 관찰되곤 한다. 육지에서 먼 데다가 비무장지대(DMZ)와도 가깝다 보니 민간인들의 통행이 어려웠고, 그 덕분에 아직까지 점박이물범들이 살아남아 있는 것일지도 모른다.

중국의 랴오둥성 보하이만의 얼음 바다에서 겨울을 난 점박이물범들은 봄이 되면 백령도의 풍부한 물고기를 먹이로 삼기 위해 한반도 서쪽으로 내려온다. 1940년대만 해도 8,000마리에 달했지만 밀렵과 먹이 감소, 해양 오염으로 인해 3~4퍼센트 수준으로 줄어들었다. 한국 정부는 급감하는 점박이물범을 보호하기 위해 1982년 천연기념물로 지정했고, 2005년부터는 멸종 위기종에 포함시켰다.

2014년 10월 찾아갔던 백령도에서 100마리가 넘는 점박이물범들을 한꺼번에 봤을 때의 감동을 생각하면 점박이물범 개체 수의 감소는 더 아쉽게 느껴진다. 8,000마리의 점박이물범이 물범바위를 비롯한 백령도 해역에서 일광욕도 하고, 먹이 활동을 하며 살아 움직이는 모습은 '장관'이라는 말로도 표현하기 힘든 광경이었을 것이다.

점박이물범들을 위협하는 요인으로는 환경 파괴와 먹이 감소가 대표적인데 최근에는 기후변화로 달라지고 있는 서해 환경도 점박이물범

백령도 주변에서 점박이물범들이 따뜻한 햇살을 받으며 낮잠을 자는 모습이 관찰되곤 한다. ⓒ김기범

살아 움직이는 점박이물범의 모습은 그야말로 장관이다. ⓒ김기범

들을 괴롭히고 있다. 우리가 점박이물범의 존재를 알아차린 이후 점박이물범이 멸종 위기가 아니었던 적은 없긴 하다. 하지만 계속해서 새로운 위협들이 나타나고 있다는 것은 그만큼 더 적극적으로 점박이물범을 보호해야 할 이유가 된다.

지구의 기후는 끊임없이 변화해 왔고, 인간을 포함한 모든 생물들은 기후변화에 적응, 대응하면서 살아왔다. 그러나 현재 일어나고 있는 급격한 기후변화는 생물들의 적응 속도를 넘어섰고, 점박이물범들은 그 희생양이 되고 있다. 기후변화로 오징어 등의 어류가 사는 지역이 북쪽으로 확대되었는데, 이 어류들을 쫓아 토종 돌고래인 상괭이가 백령도 근처까지 올라오고 있다. 상괭이가 올라오는 것 자체는 점박이물범과 큰 상관이 없지만 상괭이를 먹이로 삼는 백상아리가 백령도 근해에 나타나면서 점박이물범까지 잡아먹는다는 이야기다. '오징어—상괭이—백상아리'로 이어지는 남쪽 바다의 먹이사슬에 점박이물범이 포함되어 버린 것이다.

실제로 환경부 한강유역환경청은 2011년 모니터링에서 백상아리의 공격을 받아 등에 상처가 남아 있는 점박이물범을 촬영했다. 백령도 주민들 중에도 백상아리가 점박이물범을 잡아먹는 장면을 목격한 사람이 있다고 한다. 원래 백상아리의 북상한계선은 태안반도 정도였지만 10여 년 전부터는 백령도 근해에서도 자주 목격되고 있다. 서해의 군산에서 태안 앞바다에 많이 서식하는 상괭이도 백령도까지 북상한 상태다.

버려진 그물에 죽어 가는 점박이물범

무분별한 어업도 점박이물범의 생존을 위협하는 요인이다. 특히 중국 어선들이 쌍끌이식 저인망(바다 밑바닥으로 끌고 다니면서 깊은 바닷속의 물고기를 잡는 그물) 조업으로 어족 자원의 씨를 말리는 것은 점박이물범의 먹이 감소와 직접적으로 연결된다. 중국 어선들의 영향으로 백령도의 수산물 어획량은 빠른 속도로 줄어들고 있다. 백령도의 수산물 통계를 보

그물에 걸린 점박이물범 ⓒ해양과학기술원

면 어획량이 2010년 1,620톤에서 2012년 746톤으로 2분의 1 미만으로 줄어들었다.

백령도 현장을 찾았던 이들은 심지어 풍랑주의보로 백령도 어민들이 조업을 중단할 때도 중국 어선들은 가까운 바다를 새까맣게 뒤덮은 채 저인망식 불법 어획을 계속하고 있었다고 한다.

점박이물범들이 중국 어선들이 아무렇게나 버린 그물에 걸려 죽기도 하는데, 사실 해양 포유류가 그물에 걸려 죽는 일은 전국 곳곳의 바다에서 흔히 일어나고 있다. 2013년 2월에는 강원도 고성군 봉포 인근 해상에서 점박이물범이 그물에 걸려 죽은 채 발견되었다. 점박이물범들은 대체로 서해 쪽에서 많이 관찰되는데 일부 개체들이 동해안까지 이동하는 경우가 있다고 한다. 이들 중 1마리가 운 나쁘게도 그물에 걸린 것이다. 동해 먼바다의 독도에서도 점박이물범들은 여러 차례 관찰되었다.

해양과학기술원 연구자들이 2014년 10월 23일 백령도를 찾았을 때도 물범바위 위에서 그물에 걸린 점박이물범이 발견된 일이 있다. 이 점박이물범은 사람들 눈에 띈 덕분에 운 좋게 목숨을 건질 수 있었지만 조금만 늦었다면 명색이 해양 포유류인 점박이물범이 물속에서 질식해 죽는 일이 벌어졌을 수도 있다. 제주도에서 종종 그물에 걸린 채 발견되는 돌고래나 백령도의 점박이물범처럼 물 밖으로 나와야 숨을 쉴 수 있는 해양 포유류에게 그물에 걸린다는 것은 목숨을 잃을 수도 있는 위험한 일이다.

확인된 사실은 아니지만 중국에서는 점박이물범이 식용으로 사용되고 있을 가능성도 있다. 한강유역환경청에 따르면 중국의 SNS(소셜네트워크서비스)인 웨이보에는 호텔 수조에 갇힌 채 식용으로 사용되기 직전의 점박이물범 모습이 올라온 적이 있다고 한다.

어린 점박이물범이 줄어들고 있다

전체 개체 수 자체가 워낙 적기는 하지만 현재 백령도에서 관찰되는 점박이물범의 수가 급격한 감소세를 보이고 있지는 않다. 넓은 서해 바다에서 먹이 활동을 하는 점박이물범의 관찰이 쉽지 않은 데다 기상 조건이 악화되면 일부 지역의 경우 아예 관찰이 불가능한 경우도 많아 모니터링에도 한계가 있다. 매년 확인되는 개체 수만으로 점박이물범의 증감을 알기는 어려운 것이다.

실제로 한강유역환경청의 모니터링 수치를 보면 2010년 11월 74마리, 2011년 11월 182마리, 2012년 22마리, 2013년 94마리 등 관찰 시기와 환경에 따라 개체 수가 큰 차이를 보이고 있다. 백령도 부근에서 점박이물범이 주로 관찰되는 지역이 연봉바위와 물범바위 두 곳인데,

2012년에는 기상 악화로 인해 연봉바위 해역을 관찰하지 못한 탓에 물범바위 인근에서만 22마리가 확인됐다. 전문가들은 매년 개체 수의 증감을 보기보다는 장기적인 추세를 통해 점박이물범들의 상황을 분석하는 것이 맞다는 입장이다.

가장 우려스러운 부분은 전체 개체 수가 아니라 어린 점박이물범들의 비율이 줄어들고 있다는 점이다. 경기 양주시 서정대학교의 진종구 교수가 이끄는 연구진이 확인한 바에 따르면 2012년 6월 조사에서 어린 점박이물범의 비율이 62마리 중 12.9퍼센트인 8마리였지만 2013년 5월에는 52마리 중 5.8퍼센트인 3마리로 줄어들었다. 다 자라지 않은 점박이물범의 경우 중국 어선의 저인망을 피하지 못할 위험도 크고, 백상아리에게도 쉽게 잡힐 확률이 높다. 어린 개체들이 줄어들수록 안정적인 개체 수 유지는 어려워지고, 어느 순간 점박이물범의 수는 급격히 줄어들 수도 있다. 2014년 가을 백령도에서 확인한 181마리의 점박이물범 중에도 어린 개체로 보이는 점박이물범은 드물었다. 가을이 되면 어린 개체들도 어느 정도 자라나기 때문이기도 하지만 우려스러운 일이 아닐 수 없다.

다 자란 점박이물범이 줄어드는 것도 문제지만 어린 점박이물범이 줄어든다는 것은 그만큼 점박이물범의 미래가 어두워진다는 뜻이 된다. 지금의 개체 수가 한동안은 유지되다가도 어느 순간 갑자기 개체 수가 줄어들고, 점박이물범 집단이 유지되기 어려워질 수도 있기 때문이다.

일본에서 수달이 멸종할 때 일본 정부나 학자들이 '설마, 설마?' 하다가 제대로 손을 써 보지도 못했다는 이야기를 교훈 삼아야 할 것이다.

점박이물범

잔점박이물범이라고도 부르는 물범과의 포유류 동물이다. 한반도에서는 백령도, 가로림만, 경포대 등 3곳에서 주로 관찰된다. 11월쯤에는 중국 랴오둥성 보하이만으로 올라가 얼음 위에서 새끼를 낳는데 지구온난화로 인해 얼음이 줄어들면서 번식에 어려움을 겪고 있는 것으로 알려져 있다. 2014년 1월에는 점박이물범이 기존 학설과는 다르게 러시아 연해주에서 중국 보하이만까지 이동하는 경우도 있다는 연구 결과가 발표되기도 했다. 당시 국립수산과학원 고래연구소는 2013년 6월 울산 앞바다에서 방류한 후 열흘 만에 러시아로 이동한 물범이 같은 해 12월에는 남쪽으로 내려와 대한해협을 경유했으며 남해안과 서해안을 따라 북상한 뒤 중국까지 건너간 것으로 확인됐다고 밝혔다. 방류할 때 점박이물범에게 위치 추적 장치를 부착해 198일 동안 추적한 결과였다.
몸 색깔은 은회색으로 타원형 점무늬가 있으며 몸 길이는 대체로 160∼170센티미터, 체중은 80∼120킬로그램이다. 흔히 같은 기각류(鰭脚類: 지느러미 형태의 발을 가진 해양 포유류로, 육상에서 살다가 바다로 돌아가면서 진화한 동물들이다.)의 바다사자나 물개, 바다코끼리와 헷갈리기 쉬운데 각각의 크기가 확연히 다른 점만 알아도 구별이 가능하다. 물개는 점박이물범과 달리 온몸이 회색을 띤 검은색이며 다 자란 물개 수컷은 몸길이 2.1미터, 체중 270킬로그램 정도로 점박이물범보다 2배 이상 무겁다. 바다사자의 체격은 물개보다 조금 더 크며 앞지느러미의 크기도 더 크다. 큰바다사자 수컷은 몸길이가 2.8미터, 몸무게는 566킬로그램 정도로 국내에서 발견된 기각류 가운데 가장 크다. 물개가 고개를 들고 몸을 'ㄴ' 자 형태로 만들 수 있는 것과 달리 점박이물범은 고개를 높이 들지 못하는 점도 큰 차이점이다. 그리고 바다코끼리는 한국에서 발견된 적이 없다.

가락지를 낀
철새

철새는 어디서 볼 수 있을까?

"철새들이 별로 없네요?"

"네? 여기 철새 천진데요?"

"안 보이는데요……."

2013년 5월 초 처음 전라남도 신안군 흑산도의 국립공원연구원 철새연구센터를 찾아 센터 옆 배낭기미습지에 도착했을 때 연구자들과 나눈 대화이다. 지금 생각하면 부끄러워서 얼굴까지 빨개지지만, 처음엔 정말 습지에 죽은 채 떠 있던 철새 말고는 아무것도 보이지 않았다. 조류 연구자들이 흑산도에 가면 "발에 차이는 게 철새"라고 말하던 것이 다 거짓말이었나 하는 생각이 들 정도였다.

하지만 그날과 다음 날 이틀 동안 둘러본 흑산도와 홍도에는 정말 "깔린 게 철새"라는 말이 나올 정도로 많은 새들이 숨을 돌리기도 하고, 영양 보충을 위해 바삐 배를 채우고 있었다.

왜 처음에는 새들이 보이지 않았을까? 첫 번째 이유는 참 부끄럽지만 여름 철새들 중에도 겨울 철새들처럼 체격이 커서 금방 보이는 새들이 많을 것이라는 잘못된 선입견 때문이었다. 애초부터 큰 새들을 찾으려는 눈에는 작은 새들이 안 보였는지도 모른다. 유홍준 교수가 『나의 문화유산답사기』에서 "아는 만큼 보인다."라고 한 말이 떠올랐다. 배경지식이 있는 만큼 문화재의 가치를 알아볼 수 있는 것처럼 동물에 대한 배경지식이 있어야 더 많은 것이 보인다는 것은 그 후 숱한 동식물 취재를 하면서 느낀 바이기도 하다.

다른 이유로는 당연한 이야기지만 새들이 숲에 숨어 있었기 때문이다. 가만히 숨을 죽이고 오래도록 지켜보면 숲 속에서 작은 새들이 분주히 돌아다니는 모습을 확인할 수 있다. 특히 여름 철새들은 덩치가 큰 겨울 철새들과는 달리 10그램 미만인 경우도 많으니 이들을 찾아내려면 오랜 관찰을 통해 눈이 익숙해지는 길밖에 없다. 훈련이 된 연구자들에 비해 그렇지 않은 사람들이 처음부터 새들을 잘 찾아내기가 쉽지 않다.

흑산도 주변 지도

흑산도는 철새 터미널

앞서 언급한 것처럼 4월 말, 5월 초의 흑산도와 홍도, 그리고 주변
의 섬들은 공항 여객터미널 같은 곳이다. 수많은 나라의 비행기들이 떴
다 내리는 인천국제공항처럼, 멀리는 지구 남반구로부터 가깝게는 동남
아시아로부터 날아온 철새들이 저마다 휴식을 취하기도 하고 다시 날아
오를 힘을 비축하기 위해 먹이 활동을 하는 곳이다. 2005년 철새연구센
터가 홍도에 문을 열고, 2009년 흑산도로 사무실을 옮겨 와 2012년까지
이곳의 섬들에서 관찰한 철새는 337종에 달한다. 국내에서 관찰된 조류
518종의 65퍼센트가 홍도·흑산도에서 확인된 것이다. 8년 동안 철새
연구센터에서 학계에 처음 보고한 미기록 조류도 16종이나 된다.

붉은어깨도요 ⓒ김신환 동물병원장

이렇게 많은 철새들이 홍도와 흑산도 주변의 섬들을 장거리 비행의 중간 기착지(목적지로 가는 도중에 잠깐 들르는 곳)로 삼고 있다. 게다가 이 숫자는 연구자들이 관찰하고 기록한 새들만 집계한 숫자일 뿐, 전체 새들을 센 것은 아니다. 이 섬들을 거쳐 가는 수많은 새들을 전부 헤아리는 것은 애초에 불가능한 일이기도 하다.

철새들은 서해안의 흑산도, 홍도처럼 이름이 널리 알려진 섬들부터 구굴도, 칠발도처럼 작은 무인도들, 아예 이름도 없는 섬들을 거쳐 북쪽으로 올라간다. 물을 마실 수 있고 먹잇감이 많은 것도 새들이 이 섬들에서 쉬어 가는 이유가 되지만, 아무래도 가장 핵심적인 것은 지리적인 이유다. 멀리 오스트레일리아부터 동남아시아, 중국, 한국, 러시아까지 이어지는 긴 경로에서 어느 하나 중요하지 않은 곳이 없지만 날아서 지나가는 곳보다는 잠시 쉬며 숨을 돌리는 곳이 철새들에게는 더 소중한 곳일 수밖에 없다.

한국 서해안의 환경 파괴는 이곳을 지나는 철새들에게 큰 영향을 미치게 된다. 나그네새 또는 봄 철새로 불리는 도요물떼새(도요새와 물떼새를 함께 부르는 말) 가운데 붉은어깨도요는 새만금 사업이 진행되면서 멸종 위기에 처한 사례로 꼽힌다. 붉은어깨도요들이 급감한 것은 이 새들이 쉬어 가던 넓은 갯벌이 모두 매립되어 땅으로 바뀌면서 먹잇감인 게나 조개도 크게 줄어든 탓으로 추정된다. 지구 남반구에서 날아온 이 새들이 서해안에서 영양 보충을 제대로 못한 채 장거리 이동을 하다 목숨을 잃었을 가능성도 높다. 도요새는 몸길이 12~66센티미터의 여름 철새로 호주·뉴질랜드에서 출발해 한국과 중국 북동부를 거쳐 러시아 동부와 미국 알래스카까지 이동해 번식한다.

영양을 보충하는 것은 먼 거리를 날아가야 하는 철새들에게는 자신의 목숨을 지키는 데 가장 중요한 일일 수밖에 없다. 비행 중 탈진은 곧 죽음을 뜻하기 때문이다. 철새들은 지방을 축적하기 위해 종일 끊임없이 먹이를 섭취하기도 하고, 사람이 다가오는 것도 모른 채 먹이 활동에 집중하기도 한다.

흑산도나 다른 섬들도 마찬가지지만 특히 홍도는 새들에게 반가운 섬이다. 홍도 서쪽으로는 섬이 없다 보니 중국에서 350~400킬로미터를 날아와 지칠 대로 지친 새들이 처음 만날 가능성이 높은 곳이기 때문이다. 홍도에서 휴식을 취한 새들은 배로 30~40분 거리(20킬로미터)에 있는 흑산도를 거치지 않고 바로 북쪽으로 올라가기도 한다. 사람들이 버스나 지하철을 탈 때 두 번 갈아타는 것보다는 한 번만 갈아타는 경로를 선택하는 것과 비슷하다.

철새에게 가락지 끼워 날려 보내는 이유는

철새연구센터를 포함해 전 세계의 철새 연구자들이 아주 낮은 확률을 기대하며 꾸준히 이어가는 일이 있다. 철새를 그물로 포획해 다리에 가락지를 끼워 다시 날려 보내는 일이다. 알루미늄이나 니켈·크롬 합금 재질의 가락지에는 각 나라의 이름과 일련번호가 새겨져 있다. 철새를 포획해 종, 몸무게, 길이, 건강 상태 등을 가락지 번호와 함께 기록한 뒤 가락지를 끼워 날려 보내면 다른 나라의 연구자들이 그 새를 포획하거나 관찰했을 때 가락지를 보고 어느 나라를 거쳐 온 새인지를 알 수 있기 때문이다. 복권에 당첨될 확률에 비교될 정도로 낮은 가능성이지만 꾸준히 가락지를 부착해 날려 보내다 보면 정말 '로또에 당첨된 것 같은 행운'이 찾아올 때가 있다.

2013년 3월에는 지구 반대편인 뉴질랜드에서 가락지를 끼워 보낸 도요새 2마리가 한꺼번에 발견되는 '경사'도 있었다. 철새연구센터 사람

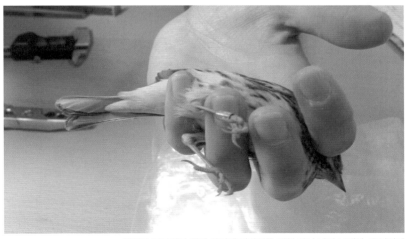

철새를 연구하기 위해 다리에 가락지를 끼워 다시 날려 보낸다. ⓒ김기범

들은 전남 압해도에서 도요새 무리를 관찰하다가 뉴질랜드의 고유번호가 새겨진 가락지를 단 큰뒷부리도요 2마리를 발견했다. 뉴질랜드의 가락지부착조사 총괄사무소에 도요새를 발견했다는 소식을 알리자 뉴질랜드 연구진들은 감사 인사와 함께 새들을 처음 발견했을 때의 정보를 보내왔다. 가락지를 단 철새가 다시 발견되는 확률이 0.2퍼센트에 불과한 것을 생각하면 뉴질랜드 연구자들이 얼마나 기뻐했을지 짐작이 될 것이다. 새에게 가락지를 부착한 나라와 발견한 나라의 연구진이 정보를 주고받는 것도 드문 일이다.

이 도요새들은 2008년 2월 11일 뉴질랜드 북섬의 미란다와 2009년 10월 20일 남섬의 와이메아에서 각각 발견된 개체였다. 압해도에서 미란다는 9,500킬로미터, 와이메아는 9,700킬로미터 떨어져 있다. 매년 지구 남반구와 북반구를 오가는 수많은 도요새들 중 가락지를 단 개체들이 사람의 눈에 다시 발견된 것은 '행운' 중 행운이다. 특히 큰뒷부리도요는 매년 5.9퍼센트씩 감소하고 있어 집중 보호가 필요한 멸종 위기종이다.

도요새의 이동 경로

2013년 10월 13일에는 몸무게가 10그램도 안 되는 쇠개개비가 흑산도에서 발견되기도 했다. 그해 9월 말 일본 돗토리현에서 가락지를 끼

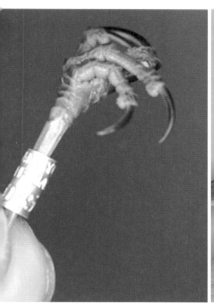

쇠개개비 ⓒ국립공원관리공단 철새연구센터

워 날려 보낸 새가 보름 만에 772킬로미터를 날아와 한국에서 발견된 것
이다. 쇠개개비는 길이 10센티미터 정도인 휘파람샛과의 새인데 중국 북
동부, 러시아 사할린, 일본 홋카이도에서 번식하고 중국 남부, 태국, 미
얀마에서 겨울을 나는 여름 철새다. 이렇게 작은 쇠개개비에게 한국은
자동차 내비게이션에서 안내 멘트로 나오곤 하는 "경로 내 마지막 휴게
소" 같은 곳이다. 한국에서 쉰 뒤에는 중국까지 400여 킬로미터를 쉬지
않고 날아 바다를 건너야 하기 때문이다. 추위를 피해 따뜻한 곳으로 가

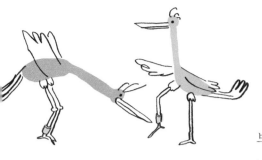

기 위해 쇠개개비는 강한 지구력을
갖도록 진화해 온 새이기도 하다.

2014년 기준 철새연구센터에
서 포획한 뒤 가락지를 끼워 날려
보낸 새는 40,000마리 정도이지만 외
국에서 확인된 사례는 아직 2건뿐이다.
2008년 9월 홍도에서 포획한 바다직박구리가 2008년 10월 대만에서 발
견됐고, 2010년 4월 11일 날려 보낸 검은지빠귀가 한 달 뒤인 5월 9일
일본에서 발견됐다.

이런 행운을 기대하며 철새연구센터 사람들은 새벽에 해가 뜨기 전
센터 앞의 작은 습지와 배낭기미습지에 그물을 쳐 철새를 포획한다. 그
물에 걸린 새의 크기에 따라 0.04그램에서 4.6그램의 가락지를 다리에
끼워 날려 보내는 작업이 점심까지 반복된다. 새들이 동틀 무렵부터 활
발히 먹이 활동을 벌이기 때문에 아침부터 분주히 움직일 수밖에 없다.

2013년 5월 초 연구원들과 동행하며 포획과 가락지 부착 작업을 지
켜본 날은 새벽 5시가 조금 넘어 작업이 시작됐다. 습지 곳곳에 그물들
을 펼쳐 놓고, 센터로 돌아갔다가 다시 습지에 가서 그물을 확인해 새들
을 풀어내는 일을 반복했다. 한 시간마다 습지에 가서 그물에 걸린 새들
을 센터로 데려가 암수를 구분하고 날개 길이, 몸무게, 특이사항 등을
기록하고 가락지를 끼운 후 풀어 주기를 반복했다. 이렇게 자주 그물을

확인하는 이유는 새들이 그물에 지나치게 오래 걸려 있게 되는 것을 피하기 위해서이다.

조류 연구의 기본은 '새의 안전'

이날 오전 내내 가락지 부착 작업을 지켜보는 동안 철새 연구자들이 끊임없이 강조한 것은 바로 '새의 안전'이었다. 새를 연구한답시고 가락지 부착을 위해 잡으면서 새들이 다치는 일은 있어서는 안 된다는 것이다. 가락지를 이용한 연구에 참여할 때 처음 배우는 것도 가락지를 끼울 때 새를 잡는 방법이다. 잘못 잡으면 다리가 부러질 수 있기 때문이다. 바다제비를 취재하러 흑산도 인근의 무인도인 칠발도에 갔을 때 한 방송기자가 철새연구센터 연구자에게 자신이 바다제비를 손에 잡고 촬영해도 되겠느냐고 말했다가 거절을 당한 일이 있었다. "새들이 다칠 수 있기 때문에 전문가가 아니고서는 손으로 쥐어서는 안 돼요."라는 친절한 설명이 뒤따랐지만 말이다.

새들을 날려 보낼 때 휙 하고 집어 던지는 것 역시 새들을 위험하게 만드는 일이다. 눕혀 놓은 상태에서 스스로 정신을 차리고 날아가게 하지 않으면 새들이 놀라 추락할 수도 있다. 새들이 다치지 않도록 포획용 그물도 부드럽고 약한 소재로 만드는데 한국에는 새들을 다치지 않게 포획할 수 있는 그물이 없다. 연구자들은 어쩔 수 없이 외국에서 수입한 그물을 쓰고 있는데 직접 만져 본 그물은 '새를 잡을 수 있을까?' 하는 의심이 들 정도로 부드러웠다. 실제로 오리 같은 큰 새들은 그물을 뚫고 지나가 버리기 때문에 연구자들은 수시로 그물을 교체하곤 한다.

그물에 걸린 새들 중에 흑산도에서 한 번 잡혔는데 며칠 후 다시 잡힌 경우도 있다. 흑산도에 찾아갔던 2013년 5월 3일 그물에 걸린 새들 중에는 6일 전인 4월 27일에 잡혔다가 다시 잡힌 휘파람샛과의 작은 철새인 솔새사촌도 포함돼 있었다. 그동안 배불리 곤충을 잡아먹은 덕분에 가슴 부분에 누런 지방이 빵빵하게 축적돼 있는 것이 대견스러워 보였다. 새의 가슴 부분 깃털 밑을 보면 지방이 쌓여 있는 상태를 확인할 수 있다.

가락지 연구는 사실 확률이 낮을 뿐 아니라 철새의 이동 경로 전체를 파악할 수 없다. 그럼에도 국내뿐 아니라 전 세계에서 조류 연구자들이 가락지를 부착해 철새 연구를 하는 것은 과학기술이 발전한 지금도 여전히 가락지 부착이 가장 쉬우면서도 효과가 높은 연구방법이기 때문이다. 첩보 영화나 SF 영화에 많이 나오는 위성 항법 추적 장치(GPS)를 이용한 위치 추적 장치에는 한계가 많다. 특히 흑산도와 홍도를 거쳐 가는 여름 철새들처럼 무게가 작게는 10그램, 커도 수백 그램밖에 안 되는 새들에게 위치 추적 장치를 부착하는 것은 불가능한 경우가 많다. 새들 몸무게보다 더 무겁거나 몸무게의 10분의 1이 넘는 위치 추적 장치를 달았다가는 새들이 장거리비행을 견뎌 내기 어렵기 때문이다. 위치 추적 장치가 예상보다 일찍 새에게서 떨어져 나가기도 하고, 고장도 잘 난다. 실시간으로 위치 정보가 오는 것이 아니고, 자주 위치 정보를 받으려면 건전지가 빨리 닳고 만다. 물론 건전지가 다 닳으면 추적은 불가능해진다. 실시간으로 이동 상황을 파악하는 것은 아직까지 영화에나 나오는 장면일 뿐이다.

흑산도

면적이 16.34제곱킬로미터로 주변에서 가장 큰 섬인 흑산도는 먹잇감과 물이 풍부하고, 초지·습지·방풍림 등 새들이 좋아하는 지형을 두루 갖춘 곳이다. 특히 국립공원연구원 철새연구센터 근처 넓이 8,764제곱미터의 배낭기미습지는 철새들의 휴식과 영양 보충에 중요한 역할을 하는 곳이어서 국립공원특별보호구로 지정되어 있다. 흑산도 외에도 인천 옹진군 소청도, 충남 서천군 금강 하구의 유부도가 철새들의 주요 중간 기착지로 꼽힌다. 환경부에서는 흑산도처럼 많은 철새들이 거쳐 가는 소청도에 연구센터를 지어 2018년 개관했다.

해안사구에 사는 표범장지뱀

숨은 동물 찾기

풀숲이나 모래톱에서 작은 동물을 찾아내기란 쉽지 않은 일이다. '훈련받지 않은' 보통 사람들에게 몸놀림이 재빠른 도마뱀이나 새를 찾는 것은 물론, 동물들이 다치지 않게 잡는 것은 한마디로 불가능한 일이다. 하지만 '훈련'을 받으면 달라진다. 오랫동안 새를 연구한 이들은 숲에서 남들보다 새를 쉽게 찾아내고, 개구리를 연구한 이들은 논에서 쉽게, 그리고 다치지 않게 개구리를 잡는다.

2014년 5월 충청남도 태안 안면도의 할미섬에서 만난 국립공원연구원의 송재영 박사도 모래톱의 풀숲에서 표범장지뱀을 금방 찾아내고, 쉽게 사로잡았다. 10센티미터가 조금 넘는 크기에, 모래색과 비슷한 색

표범장지뱀 ⓒ국립공원관리공단 국립공원연구원

깔의 표범장지뱀들이 모래땅 식물들 밑에 몸을 숨긴 채 숨을 죽이고 있
는데도 이 숙련된 연구자는 조심스럽지만 재빠른 손놀림으로 장지뱀들
을 잡아서 보여 줬다. 어떻게 이런 일이 가능한 것일까?

인간은 타고난 사냥꾼

"오랜 시간 동안 많은 경험을 쌓았기 때문에"라는 답은 맞는 말이긴
하지만 100점 만점에 100점은 아니다. 보통 사람들은 "저쪽에 있어요."
라고 말해 줘도 못 보는 동물들을 동물 연구자들이 쉽게 찾아내는 것은
'서치 이미지(Search Image)'라고 하는 인간의 타고난 능력 덕분이다. 이화
여대 에코과학부의 장이권 교수가 말하는 '서치 이미지'는 반복적으로

해당 동물을 보면서 숲이나 들, 바다에서 남이 보지 못하고 지나치는 그 동물의 모습을 찾아내는 능력을 말한다. 앞서 예를 든 새, 개구리, 표범장지뱀 연구자들은 물론 모든 인간이 이 능력을 가지고 있다. 장 교수에 따르면 사람에게 이런 능력이 있는 것은 인간이 '타고난 사냥꾼'이기 때문이다. 인류가 농경을 통해 먹고살게 된 기간보다 채집, 수렵에 의존해 온 기간이 훨씬 더 길기 때문에 여전히 동물을 잘 찾아내는 사냥꾼으로서의 능력이 남아 있다는 것이다. 신석기시대의 농업혁명이 일어난 것은 1만 년 전쯤의 일이니 인류의 역사 200만 년 가운데는 아주 짧은 기간에 불과하다.

이날 한참을 지켜보다 보니 모래톱의 표범장지뱀들이 한 마리씩, 한 마리씩 보이기 시작한 것도 '서치 이미지' 능력이 발휘되었기 때문일지도 모른다. 모래땅 식물들 아래에서 표범장지뱀들은 일광욕을 즐기고 있었다. 소리를 내며 부주의하게 다가가면 빠르게 도망가긴 했지만 조금 도망가서 멈춰 서고, 또 조금 움직이고는 멈춰 서는 모습을 관찰할 수 있었다. 모래땅에 파 놓은 굴에서 너무 많이 떨어지지는 않으려 하는 것으로 보였다.

그날 송 박사가 조심스럽게 붙잡아 확인한 첫 표범장지뱀은 암컷이었다. 표범장지뱀의 암수는 배에 흉터가 있는지를 보면 간단하게 구분할 수 있다. 번식기인 5~6월쯤 수컷은 암컷을 발견하면 꼬리로 암컷의 몸을 감아서 도망가지 못하도록 한 후 입으로 암컷의 배를 문 채 교미를

하기 때문이다. 교미를 마친 암컷에게는 배에
수컷이 문 자국이 남을 수밖에 없다.

　도마뱀이 위기에 빠졌을 때 꼬리를 자르고
도망가도 다시 재생되는 것처럼 표범장지뱀의
꼬리 역시 다시 재생된다. 하지만 꼬리를 자르
고 도망가는 것은 그렇게 하지 않으면 죽겠구나 싶을 때, 어쩔 수 없구
나 하고 결심해야 할 수 있는 일이다. 꼬리가 없으면 빠르게 이동할 때
균형을 잡기가 힘들어 야생에서 살아남는 것이 어려워지기 때문이다.
그래서 꼬리가 잘린 표범장지뱀은 다른 표범장지뱀들이 굴 속에 들어가
체온을 유지하는 추운 날이나 바람이 많이 부는 날에도 활발히 움직인
다. 다른 개체들보다 많이 먹어야지만 꼬리가 빨리 재생되기 때문이다.
알을 밴 암컷 표범장지뱀들도 분만을 위해 날씨를 가리지 않고 바삐 움
직이는 모습이 자주 관찰된다.

표범장지뱀의 서식지

　표범장지뱀이 주로 서식하는 지역은 서해안의 태안 신두리 해안사
구, 영종도 등이다. 강원도, 경상남도, 경상북도의 일부 지역에서도 관
찰되는데 산림에 사는 경우도 있긴 하지만 대부분 하천변의 모래톱, 삼
각주에 사는 경우가 많다.

신두리 해안사구와 가까운 안면도의 바람아래해변 건너편 할미섬은 500~700개체의 표범장지뱀이 사는 국내 최대의 표범장지뱀 서식지이다. 표범장지뱀과 이 장지뱀의 생존에 필수적인 식물들을 보호하기 위해 이 섬은 태안해안국립공원 내에서도 아예 사람들의 출입을 제한하는 특별보호구역으로 지정돼 있다. 국립공원 측이 가장 신경 쓰는 부분은 더 이상 모래가 줄어들지 않도록 하는 것이었다. 서해안의 모래는 점점 줄어들고 있는데 이는 환경을 고려하지 않은 무분별한 바닷가 개발 사업 때문이다. 지구 온난화로 인한 기상이변이나 태풍도 해변의 모래를 줄어들게 만드는 원인이 되고 있다. 할미섬 주변에 둘러쳐진 대나무 울타리가 바로 모래를 모으는 모래 포집기 역할을 하고 있었다. 원리는 간단하다. 바람에 날린 모래가 울타리에 부딪쳐 땅에 떨어지면서 모래가 늘어나는 것이다. 모래 포집기 덕분에 할미섬은 좀보리사초나 통보리사초 등 다양한 사구식물들이 자라나는 자연스러운 모래 해안의 모습을 유지하고 있었다.

할미섬뿐 아니라 서해안의 백사장에 가면 곳곳에 대나무 울타리가 쳐져 있는 것을 볼 수 있다. 사정을 모르는 사람이 보면 어리둥절할 만한 광경이다. 군사시설인 동해안의 철조망처럼 사람이 지나다니는 것을 막을 수 있는 것도 아닌 얕은 울타리나 대나무 막대기가 곳곳에 꽂혀 있으니 말이다.

모래 포집기 덕분에 할미섬에서는 모래땅이 원래

모습을 유지하고, 다양한 사구식물들이 자라나고 있지만 내륙에서는 표범장지뱀이 살 만한 환경이 점점 줄어들고 있다. 낙동강, 영산강, 금강, 한강에서 실시된 4대강 사업을 포함해 곳곳에서 벌어진 하천정비사업 때문에 전문가들은 표범장지뱀들이 사라져 버렸다고 지적하고 있다. 특히 하천변의 모래에는 표범장지뱀을 비롯해 다양한 생물들이 살고 있지만 다양한 개발사업들이 벌어질 때마다 하천변은 무참하게 파괴되고 있다.

살아갈 곳을 잃다

특히 평생을 매우 좁은 범위 내에서만 살아가는 습성은 표범장지뱀을 곳곳에서 위기로 몰아넣었다. 표범장지뱀은 대부분의 경우 겨우 80제곱미터 정도의 면적 내에서만 생활하고, 직선으로 가장 멀리 이동하는 거리도 300미터 정도에 불과하다. 해변 개발이나 하천 정비라는 명목으로 넓은 면적이 파헤쳐질 경우 피하지 못하고 죽어갈 수밖에 없다. 송 박사가 2010년 발표한 논문 〈표범장지뱀의 이동거리 및 행동권 분석〉을 보면 표범장지뱀의 최대 이동거리는 300미터 정도이며 행동권은 84제곱미터가량에 불과하다.

태안 해변을 기름 범벅으로 만들었던 삼성중공업 기름 유출사고는 인근 지역의 표범장지뱀을 전멸에 가까운 상태로 몰아넣기도 했다. 2007년 12월 허베이스피리트호의 유류가 유출됐을 때 기름 범벅이 됐

태안 신두리 해안사구 ©김기범

던 학암포 지역에서는 표범장지뱀이 하루 종일 찾아도 서너 마리도 보기 힘들 지경으로 줄어들었다. 하필 사고 당시가 겨울이었던 탓에 굴 속에서 동면 중이던 표범장지뱀들은 기름을 피하지 못하고 죽어 간 것으로 추정된다. 다행히 최근 들어서는 수가 늘어나고 있지만 삼성중공업 기름 유출 사고는 환경오염이 사람은 물론 동물들에게도 얼마나 치명적인 영향을 미치는지를 보여 주는 사례이기도 하다.

그런데 최근에는 멀쩡한 해안사구를 파헤치고, 식물을 몽땅 제거해 버리는 황당한 일이 태안군 원북면의 신두리 해안사구에서 벌어지기도 했다. 태안군청이 중장비를 동원해 해안사구의 식물들을 제거하고 이곳을 사막처럼 만들어 버린 것이다. 2012년부터 아까시나무, 자작나무 등 외래 식물을 제거한다는 이유로 사구의 식물을 제거하면서 해안사구는 머리카락이 일부만 빠진 탈모 환자 같은 모습이 되어 버렸다.

태안군이 2012년 20만 제곱미터, 2014년 40만 제곱미터에 달하는 넓은 면적을 1미터 깊이로 파헤치면서 이곳에 살던 다양한 동물들은 피하지 못하고 전멸했을 가능성이 높다. 좁은 면적에서 평생을 살아가는 표범장지뱀과 사구에 서식하는 금개구리에다 주홍거미와 개미귀신 같은 곤충들은 대부분 중장비의 희생양이 되었을 것으로 추정된다.

해안사구에서 만난 태안 사람들은 사구에서 흔히 볼 수 있던 동물들이 공사가 끝난 곳에서는 전혀 안 보인다고 했다. '빈대 잡으려고 초가삼간 태운다.'는 속담처럼 일부 외래 식물을 없애려다 해안사구를 죽음의 땅으로 만들고 있는 것이다. 오히려 사막처럼 변해 버린 해안사구 일부에서는 생명력이 강한 외래 식물들만 다시 자라나고 있는 모습도 곳곳에 보였다. 토종 식물들이 제거되면서 경쟁자들이 없는 틈에 외래 식물들만 늘어나고 있는 것이다.

해안사구

해류에 의해 해안으로 옮겨진 모래가 다시 파도에 의해 밀려 올려지고, 바람의 작용으로 낮은 구릉 형태를 이루면서 생기는 지형이다. 해안사구는 천연 방파제이자 지하수 저장고, 희귀 동식물의 서식지이다.
충남 태안군 원북면 신두리 해안사구는 982,953제곱미터 면적으로 국내 해안사구 중에서도 비교적 원형이 잘 보존된 곳으로 꼽힌다. 천연기념물 431호로 지정되었다.

표범장지뱀

표범장지뱀은 도마뱀과 비슷한 겉모습의 파충류로, 유린목 장지뱀과의 동물이다. 몸길이는 10~12센티미터로 해안사구를 비롯한 모래땅에서 주로 서식하며 배를 제외한 몸 대부분이 표범 무늬로 덮여 있다. 장지뱀은 등의 피부가 거칠며 번식할 때 페로몬을 분비하는 구멍이 있는 점에서, 보통 등이 매끈한 도마뱀과 구분된다. 알을 낳는 시기는 6~7월로 한 번에 4~6개를 낳으며 10월쯤부터 동면에 들어간다.

무기징역 받은
사육곰

평생 우리에 갇혀 죽을 날을 기다리다

반달가슴곰들은 멸종 위기종 복원 사업의 주인공으로 항상 주목을 받고, 귀한 대접을 받는 동물 중 하나다. 지리산에 방사한 반달가슴곰이 새끼를 낳았다는 소식, 잘 적응해서 살고 있다는 소식은 항상 주목을 받는다. 그런데 전국 곳곳의 농가에 평생 우리에 갇혀 지내며 죽을 날만 기다리는 곰들이 있다는 사실을 아는 이들은 많지 않다. 그 곰들이 무려 1,000여 마리나 된다는 사실도 말이다.

2014년 8월 경기도 안성의 한 농가에서 본 우리 안의 곰들은 상상한 것보다 훨씬 더 비참한 모습이었다. 생김새나 가슴의 반달 모양이나 모두 지리산 반달가슴곰과 크게 다르지 않은 이 '사육곰'들은 단지 토종 곰이 아니라는 이유만으로 더러운 우리 안에 갇혀 있었다. 우리 안은 곰들이 앞뒤로 몇 발짝 정도밖에 움직일 수 없을 정도로 비좁았다. 바닥은 대부분 배설물이 섞여 있는 진흙탕으로 덮여 있었다. 30분쯤 우리 안의 곰들을 지켜보는 동안 사육곰들이 곰다운 움직임을 보인 것은 딱 한 차례뿐이었다.

곰들의 모습을 카메라에 담고 있는데 갑자기 눈앞을 커다란 검은색이 뒤덮었다. 우리 안의 곰이 앞발을 위로 들어 올리며 벌떡 일어서 울부짖었던 것이다. 놀라기도 했고 무섭기도 했지만 그보다는 '나 살아 있소.'라며 포효하는 모습이 대견했고, 또 안타까웠다. 하지만 맹수의 본능을 찾은 듯한 모습은 그때 잠깐뿐이었다. 곰들은 무기력한 모습으로 멍하니 정면을 바라보고만 있었다. 이 곰들이 평생 볼 수 있는 것은 쇠

안성 사육곰 ⓒ김기범

창살 너머의 좁은 세상과 농민들이 주는 잔반과 개사료, 도축될 날만 기다리는 같은 운명의 곰들뿐이다. 사냥을 하거나 다른 곰들과 장난치고, 나무에 영역 표시를 하거나 동굴에서 겨울잠을 자는 본능적인 행동은 유전자 속에만 남아 있을 뿐이다.

'영산강 01-02-009' vs '보담이'

그런데 전남 담양의 한 농가에 살던 곰 한 마리가 2012년 이런 비참한 운명에서 벗어나는 희망의 빛을 찾을 뻔한 일이 있었다. '영산강 01-02-009'라는 등록번호가 붙은 곰의 모계혈통이 유전자 검사에서 한국 토종인 우수리종과 일치한다는 사실이 밝혀진 것이다. 환경부의 용역을 받아 사육곰의 실태를 조사하고 관리방안을 연구하던 충남대 연구진에게서 소식을 듣고 환경단체와 동물단체 활동가들이 농가를 찾아갔다. 환경단체인 녹색연합의 활동가들은 이 곰이 주로 일본, 대만 등에서 수입한 다른 곰들과 체격은 물론 털 모양도 많이 다르다는 것을 확인했다. 한국 토종인 우수리종처럼 다른 나라 곰들보다 눈에 띄게 체격이 큰 데다 우수리종의 특징인 목털도 잘 발달되어 있었다. 무엇보다도 가슴의 반달 모양이 선명했다.

녹색연합은 '영산강 01-02-009'를 구하기 위해 2012년 5월부터 곰을 매입해 정부에 기증하기 위한 모금운동을 시작했다. 모금을 통해 비참한 환경에서 구출되는 것은 한 마리뿐이지만 전국에서 사육되는 1,000여 마리 사육곰들의 현실을 알릴 수 있다는 취지였다. 모금에는 5,000여 명이 동참했고, 두 달 만에 1,500여 만 원이 모였다.

'영산강 01−02−009'가 등록번호 대신 '보담이'라는 이름을 갖게 된 것도 이때였다. 시민 공모를 통해 붙인 이름인 '보담'은 어느 누구보다 더 나은 삶을 살라는 뜻을 담은 순우리말이다. 자유를 찾아 다른 곰들에게 희망이 되어 주길 바라는 따뜻한 마음이 담겨 있는 이름이었다. 녹색연합은 이 곰을 환경부 산하 국립공원관리공단 종복원기술원에 기증해 반달가슴곰 복원 사업에 활용할 수 있게 기증할 계획이었다.

그러나 이 곰은 여전히 담양의 농가에 갇혀 있다. 부계 혈통이 토종 우수리종과 일치하지 않는 것으로 나타나면서 보존가치가 없다는 결론이 나왔기 때문이다. 지옥에서 벗어날 수 있을 것 같았던 희망은 산산이 부서지고, 보담이는 언제라도 도축될 수 있는 상황에 빠져 있다. 정부는 열 살 이상의 사육곰만 도축해 웅담을 추출하도록 허가하고 있는데 보담이는 열 살에서 열두 살로 추정된다. 웅담을 찾는 이가 거의 없어진 덕분에 곰 도축 자체가 드물어지긴 했지만 보담이의 운명은 사육 농가의 처분에 달려 있다.

가 번 호	영산강이
육 장 번 호	002
용 개 체 수	8
체 번 호	영산강이-002-009~016

...의 자산이므로 훼손 또는 이동을 금합니다.

보담이 ⓒ녹색연합

곰들의 무기징역은 언제 끝날 수 있을까?

1,000여 마리에 달하는 곰들이 이렇게 비좁은 우리 안에 갇혀 평생을 보내게 된 것은 1980년대 초 산림청이 곰을 수입해 사육할 수 있도록 허가해 주면서부터다. 당시 정부는 국내 판매용이 아닌 수출용으로 곰 사육을 농가에 허가했고, 여러 농가가 말레이시아나 대만 등에서 곰을 수입했다. 하지만 불과 4~5년 만인 1985년 정부는 곰 보호 여론이 강해지자 곰 수입을 전면금지했다. 1993년 한국이 멸종 위기에 처한 야생동식물종의 국제 거래에 관한 협약(CITES)에 가입하면서부터는 아예 곰을 수출하는 길도 완전히 막혀 버렸다. 동물보호 의식이 확대되면서 웅담을 찾는 수요도 많지 않았다. 농가들은 곰을 통해서는 수입을 거의 올리

지 못한 채 사료비만 들어가는 상황에 빠져 버렸다. 곰들뿐 아니라 사육농가로서도 못할 노릇인 셈이다.

사육곰들의 고통스러운 현실은 앞으로도 오랫동안 계속될 것으로 보인다. 환경부가 더 이상 곰의 수를 늘리지 않기 위한 증식 금지조치로서 중성화수술을 실시하고 있지만 중성화수술 이후에 곰들을 어떻게 할지는 명확히 결정되지 않았다. 게다가 중성화수술은 사람들의 편의에 따른 것일 뿐 곰의 입장에서는 달갑지 않은 일인 동시에 목숨까지 위태로워질 수 있는 일이기도 하다. 실제로 중성화수술 과정에서 목숨을 잃는 곰들도 있다. 전국사육곰협회에 따르면 2014년 중성화수술을 받은 389마리 중에 15마리가 수술 후에 폐사했다. 죽어야만 우리에서 벗어날 수 있는 사육곰들이라지만 그들도 중성화수술을 받고, 얼마 지나지 않아 죽게 되는 운명을 원하지는 않을 것이다.

대부분의 언론도 농민들이 청계천에 곰을 데리고 와 정부에 항의를 할 때나 반짝 흥미를 가질 뿐 곰들이 어떻게 될지에 대해서는 별로 관심을 기울이지 않고 있다. 그나마 사육곰들은 정부의 증식금지 조치와 사육환경을 관리하는 대상으로라도 되어 있지만 관광농원이나 서커스에서 관람용으로 데리고 있는 곰들은 사각지대에 방치돼 있다.

반달가슴곰과 생명 감수성

사육곰 문제를 해결하는 가장 좋은 방법은 정부가 모든 곰을 사들여 보호하는 것이다. 하지만 곰을 사들이는 데 드는 비용에다 보호시설의 운영비, 먹이 비용 등을 고려하면 그만큼의 예산을 확보하기도 쉽지 않은 상태다. 설령 예산을 확보한다 해도 곰을 위해 많은 예산을 투입하는 것을 반대하는 이들도 나올지 모른다. 아무 가치도 없는 곰들이니 도축하면 되지 않냐는 무책임한 이야기를 하는 이들도 있는 것이 현실이다.

하지만 예산의 문제, 현실적인 대책, 중성화수술, 이런 이야기들은 결국 모두 사람들의 사정일 뿐이다. 1,000여 마리의 곰들이 지금 이 순간도 언제 끝날지 모르는 수감생활을 그저 견디고만 있는 현실이 잘못되었다고 생각한다면 무언가 대책을 마련해야 한다는 것이 인간으로서의 상식적인 반응일 것이다. 반달가슴곰 문제를 해결하는 것은 한국 사회의 생명 감수성을 한 단계 높이는 것과도 바로 연결된다. 내가 아닌 다른 생명체의 고통에 공감하고, 마음 아파할 수 있는 따뜻한 마음을 가진 이들이 늘어나기를 기원해 본다.

멸종 위기의 반달가슴곰

멸종 위기 동물을 왜 복원해야 할까?

국내의 여러 생태연구기관들은 다양한 멸종 위기 동식물을 복원하는 사업을 벌이고 있다. 여우, 곰 등 포유류뿐 아니라 황새, 따오기 등 조류와 남생이, 장수하늘소 등 파충류, 곤충 등 다양한 동식물이 복원 사업의 대상이다. 환경부는 스라소니, 사향노루 등에 대한 복원사업도 추진할 예정이다.

현재 국립공원관리공단 종복원기술원은 지리산에서는 반달가슴곰을, 소백산에서는 여우를 복원하는 사업을 한창 진행 중이다. 국내의 많은 산 중에 굳이 지리산과 소백산에 외국에서 들여오거나 인공으로 증식한 반달가슴곰과 여우를 방사하는 이유는 이 두 산이 이 동물들이 서식하기에 적합한 곳으로 분석되기 때문이다. 종복원기술원은 보통 새끼 곰들을 10월에 방사하는데 지리산 곳곳에 도토리, 머루, 다래를 비롯한 먹이가 풍부하고, 영양을 보충한 뒤 안정적으로 동면하는 것이 가능하기 때문이다. 지리산은 2000년 야생 곰의 모습이 무인 카메라에 찍힌 곳이기도 하다.

소백산 역시 마찬가지다. 종복원기술원이 2011년 후보지였던 소백산과 덕유산, 오대산의 환경을 조사한 결과 소백산에 여우가 즐겨 잡아먹는 들쥐를 비롯한 설치류 동물이 가장 많은 것으로 나타났다. 또 다른 먹이가 되는 양서·파충류와 견과류도 많아 방사한 여우가 야생에서 살아남는 것이 가능할 것으로 분석됐다. 소백산이 가파르지 않은 지형인

반달가슴곰 ⓒ국립공원관리공단 종복원기술원

것도 여우 서식에 알맞은 지역이라는 이유로 꼽혔다. 여우는 깊은 산속보다는 인가와 가까운 구릉이나 야산에 사는 동물이다.

지리산과 소백산이 반달가슴곰과 여우를 복원하기에 적합한 장소라는 것은 뒤집어 말하면 반달가슴곰과 여우의 생존이 보장되면 이들 지역에 건강한 생태계가 유지될 수 있다는 이야기이기도 하다. 해당 지역의 생태계를 대표하는 종을 '깃대종(flagship species)'이라고 부르는데 반달가슴곰은 현재 지리산의 깃대종이며, 여우도 소백산의 깃대종이 될 수 있을 것으로 보인다. 이들 지역에서 반달가슴곰과 여우의 수가 유지된다는 것은 이 종의 먹잇감이 되는 동식물, 그리고 그 동식물의 먹잇감이나 양분을 얻을 수 있는 토양과 토양 속의 미생물 등 생태계 전체가 건강하다는 증거가 된다.

동시에 곰과 여우는 '우산종(umbrella species)'으로서 생태계의 조절자 구실을 하기도 한다. 우산종은 먹이사슬 가장 위의 최상위 포식자를 말하는데 이 종을 보호하는 것이 먹이사슬 아래의 다른 생물들까지 보호하는 결과를 낳는 종을 말한다. 특히 곰은 한국 산림 생태계의 최상위 포식자로서 경쟁자인 멧돼지나 고라니 같은 대형 포유류의 수를 줄어들게 견제하는 역할을 할 수 있다. 반대로 한국의 생태계에서 곰이 완전히 사라지면 멧돼지, 고라니의 수가 지나치게 늘어나 이들이 먹이로 삼는 식물이나 곤충도 줄어들고, 이 식물이나 곤충을 먹이로 삼는 다른 소형 동물도 곤란해지게 된다.

곰과 여우가 깃대종과 우산종이 된다는 것을 보면 곰과 여우를 복원하는 것이 단순히 인간의 자존심 때문만은 아닌 것을 알 수 있을 것이다. 물론 후세에 곰과 여우가 있는 세상을 물려줘야 한다는 것도 중요한 이유이기는 하지만 말이다.

지리산에 사는 반달가슴곰은 36마리

반달가슴곰이 사라진 것은 밀렵 때문이다. 일제강점기에는 기록에 남아 있는 것으로만 1,076마리가 포획됐다. 기록되지 않은 수까지 합하면 수천 마리가 웅담과 가죽을 노린 밀렵꾼들 때문에 죽어 갔을 테니 곰이 씨가 말라 버릴 수밖에 없는 일이다. 실제 곰 밀렵은 1980년대까지 지속된 것으로 알려져 있다. 1983년 마지막으로 발견된 곰 역시 설악산에서 총에 맞은 채 발견됐다.

반달가슴곰 복원 사업은 여우보다 역사도 길고, 방사된 개체 수도 많다 보니 여러가지 우여곡절도 많았다. 사람을 따르는 곰들이 회수되기도 했고, 절벽에서 떨어져 죽은 개체도 있었다. 농가에 피해를 줘서 서식지를 강제로 이전당한 개체가 있었는가 하면 탐방객의 침낭을 건드렸다가 붙잡힌 녀석도 있었다.

멸종되었으리라 여겨지던 반달가슴곰이 오랜만에 모습을 드러낸 것은 지리산에서였다. 무인 카메라에 찍힌 반달가슴곰이 화제가 되면서

아기 반달가슴곰 ⓒ국립공원관리공단 종복원기술원

곰에 대한 관심이 높아졌고, 종복원기술원에서 2001년 8월 새끼 곰 4마리를 방사했지만 암컷인 '막내'는 사람을 지나치게 잘 따르는 탓에 3개월 만에 회수됐다. 다른 암컷인 '반순'이는 그해 12월 밀렵꾼의 올무에 걸려 죽은 채 발견됐다. 수컷들인 '장군이'와 '반돌이'는 농가의 꿀통을 뒤져서 꿀을 먹는 등 농가에 피해를 주다가 2004년 회수됐다.

당시에는 결국 반달가슴곰 방사가 실패했다는 지적이 쏟아져 나왔지만 종의 복원 사업은 한 차례, 몇 년 만에 성과가 드러나는 일이 아니다. 4마리 모두 3년 만에 죽거나 돌아왔지만 장군이와 반돌이의 경우는 적응 실패가 아니라 사람끼리의 관계 설정이 잘못된 탓이었다. 2004년 종복원기술원이 러시아 연해주에서 들여온 곰 6마리를 지리산에 다시 방사한 이후로도 크고 작은 실패가 이어졌지만 2021년 5월 지리산의 반달가슴곰은 74마리까지 늘어났다.

반달가슴곰 복원이 진행된 22년 동안 이뤄진 가장 큰 성과는 야생에서 암컷 곰들이 계속해서 새끼 곰들을 출산하고 있다는 점이다. 특히 2012년 1월에 태어난 4마리 중 1마리는 아빠 곰이 지리산에 남아 있던 토종 곰일 가능성도 제기됐다. 새끼 곰의 유전자를 분석한 결과 종복원기술원에서 방사한 곰들 중에서는 부계 혈통이 확인되지 않았기 때문이다. 야생의 곰과 방사된 곰이 만나 새끼가 태어났을 수도 있는 셈이다.

지리산 반달가슴곰을 위협하는 것들

이렇게 긴 시간 동안 많은 이들이 애를 쓰고, 곰들도 열심히 살아 준 덕분에 개체 수가 점점 늘어나고 있는 상황과는 반대로 곰에게 위협이 되는 요소들은 오히려 점점 더 증가하고 있다. 밀렵꾼들이 놓은 올무는 여전히 지리산 곳곳을 뒤덮고 있어서 지자체와 자원봉사자들이 한나절 거둬들이기만 해도 수백 개가 발견되곤 한다. 언제 어디서나 곰들이 다리나 목이 올무에 걸려 죽거나 다칠 위험이 높은 것이다.

등산객들이 아무 데나 음식을 버리는 것도 환경오염을 일으키는 것은 물론 곰을 위해서도 전혀 바람직하지 않은 일이 된다. 사람의 음식에 길들여진 곰은 사람들 주위를 기웃거리게 되기 마련이고, 결국 사람들의 손에 이끌려 야생에서의 자유로운 생활을 마감하게 되기 쉽다.

등산객들이 정상적인 등산로가 아닌 샛길을 찾아 마구 지리산을 헤집고 다니는 것이나 야간에 불을 켜고 산행을 하는 것도 곰을 포함해 야생동물들에게 위협이 된다. 곰을 비롯해 동물들 대부분은 일정한 영역 안에서 살아가고, 먹이를 찾아 먹고, 물을 마신다. 그런데 사람들이 저런 행동을 하다가 곰의 영역에 들어가게 되면 곰은 겁을 집어먹고 자기 영역을 버리게 될 수도 있다. 속된 말로 깡패들이 남의 집에 들어가 깽판을 치는 바람에 집주인 가족은 무서워서 집에 들어가지를 못하는 상황이 되는 것이다. 정상에 올라가 "야호!" 하고 외치는 것도 될 수 있으면 자제해야 한다. 특히 곰이 동면에 들어가는 12월쯤에는 곰의 숙면을

지리산에 사는 반달가슴곰. 등산객들이 버리는 음식물은 환경오염을 일으킬 뿐만 아니라
반달가슴곰의 야생성을 빼앗는다. ⓒ국립공원관리공단 종복원기술원

방해하는 소리는 내지 말아야겠다.

곰의 수가 점점 불어나면서 탐방객이나 주민과의 접촉이 늘어날 가능성이 점점 높아지는 것도 해결해야 하는 숙제다. 곰이 먼저 사람을 공격할 가능성은 낮지만, 새끼를 데리고 있는 곰은 공격성이 강해진다. 귀여워 보이기는 해도 반달가슴곰은 엄연한 맹수고, 사람이 힘으로 맞설 수 있는 상대가 아니다.

지금 놓여 있는 지리산 관통 도로도 모자라 케이블카까지 설치하려는 정부와 지자체의 개발 욕심도 문제다. 기껏 지리산 생태계의 복원을 위해 곰들을 방사해 놓고는 생태계를 망치는 케이블카를 설치하려는 것이니 그야말로 말이 안 된다. 케이블카는 만들어진 후뿐만 아니라 설치 과정에서도 막대한 환경 파괴를 일으킬 수밖에 없다. 거대한 기둥을 세우기 위해 나무를 자르고, 땅을 파고, 송전선을 연결하는 대규모 공사를 벌이기 때문이다.

곰을 만나면 죽은 척해야 한다?

이솝 우화에서 비롯된 곰을 만나면 죽은 척하고 있거나 나무에 올라가면 된다는 오래된 오해는 결론부터 말하면 잘못된 이야기다. 우화 속에서 곰을 만난 두 친구는 안됐지만 살아남기 힘들었을 것이다. 곰은 단백질 섭취를 위해 사체를 먹기도 하기 때문에 죽은 척했다간 곰의 먹

잇감이 될 수도 있다. 곰은 나무도 잘 타기 때문에 나무 위로 피하는 것도 별로 도움이 안 될 가능성이 높다.

그럼 지리산에 갔다가 반달가슴곰을 만나면 어떻게 해야 할까? 우선 사람 못지 않게 곰도 당황한다는 것을 기억하자. 눈을 피하지 말고 똑바로 보면서 천천히 뒷걸음질로 그 자리를 벗어나야 한다. 절대로 등을 보여서는 안 된다. 가방에 우산이 있다면 갑자기 펼치는 것도 좋다. 우산을 본 곰이 자신보다 크다고 느껴 도망갈 수도 있다. 소리를 지르거나 지팡이, 막대기를 휘두르다간 곰을 자극해서 더 위험해질 수도 있다. 곰이 사람보다 훨씬 힘이 세고, 체격도 크다는 것을 잊어서는 안 된다.

하지만 정해진 등산로만 이용한다면 곰을 만날 일은 거의 없다. 그래도 혹시 모른다는 생각이 든다면 국립공원 입구의 기념품 상점에서 야생동물을 쫓는 용도의 방울과 호루라기를 사 두는 것도 괜찮은 방법이다.

반달가슴곰

반달가슴곰은 몸 색깔이 검은색이며 가슴에 흰색 반달 혹은 V 자 모양의 털이 나 있는 곰과의 동물이다. 몸길이는 170센티미터, 몸무게 150킬로그램 정도이고 잡식성으로 굴이나 나무 아래에 난 구멍에 들어가 겨울잠을 잔다. 한반도와 중국 동북부, 러시아 등에 살고 있다.

여우야
여우야

어린 왕자의 여우는 야생에선 살 수 없다

소백산국립공원 근처 방사 훈련장에서 만난 여우는 사람이 있어도 신경을 안 쓰는 눈치였다. 태연하게 자기 볼일을 다 보고, 이리저리 왔다 갔다 하는 모습이 동물원에서 흔히 볼 수 있는 모습 같았다. 아니나 다를까 그 여우는 서울대공원에서 이미 숱한 사람들의 눈길에 시달리며 사람들에게 익숙해진 여우였다.

야생성이 남아 있는 여우와 그렇지 않은 여우는 완전히 다르다. 우리가 흔히 아는 대로 붉은빛이 감도는 누런 털이 온몸에 나 있고, 발에는 검은 양말을 신은 듯한 모습은 다를 바 없지만 행동이 다르다는 이야기다.

야생성을 지니고 있는 여우들은 사람 앞에 모습을 드러내지 않는다. 여우뿐 아니라 곰 같은 맹수도 새끼가 위협을 당하는 긴박한 상황이 아니라면 가능한 한 사람을 피한다. 대부분의 동물들은 사람을 두려워하고, 경계한다.

2014년 초 찾아갔던 경북 영주시 순흥면의 소백산 인근 방사훈련장의 여우들 역시 크게 두 무리로 분류되어 있었다. 자연으로 돌아갈 개체들과 앞으로도 남아 있을 개체들이다. 종복원기술원 중부센터의 방사훈련에서 적합 판정을 받은 여우들은 차례차례로 소백산에서 새로운 삶을 맞이하게 된다. 야생성이 부족하다고 판정받은 여우들은 계속 사람들과 함께 살아갈 수밖에 없다. 생텍쥐페리의 소설 『어린 왕자』에서 어

방사훈련장 눈밭 위의 여우들 ⓒ국립공원관리공단 종복원기술원

방사된 여우 ⓒ국립공원관리공단 종복원기술원

린 왕자와 서로 길들여졌던 여우처럼 동물이 사람에 의존하게 되면 야
생에서는 살아남기 힘들기 때문이다.

민담이나 전설에 즐겨 나오고, 사람들에게 친숙한 동물이었던 여우
는 한국에서는 자취를 감춘 동물이다. 사람의 발길이 닿기 어려운 지역
에서 모습이 확인된 사례가 있기는 하지만 이들 몇 안 되는 개체도 사라
질 운명을 피하기는 어려워 보인다.

여우가 줄어든 것은 군사정권 시절인 1960년대 대대적으로 벌어진
쥐잡기 운동탓이 크다. 쥐는 여우의 주식이라 할 수 있는데 민가에 사는
쥐는 물론 주변 들판에 사는 쥐들의 숫자가 크게 줄어들었기 때문이다.
덫을 놓지 않고도 손쉽게 쥐를 잡을 수 있는 쥐약 놓기 방식이 광범위하게 사용된 탓에 쥐약 먹은 쥐를 잡아먹은 여우들이 애꿎은 희생양이 되기도 했다. 1980년대까지만 해도 서울 같은 대도시에서도 쥐약을 놓는 경우가 가끔씩 있었다. 쥐가 먹도록 쥐약을 섞어 놓은 음식을 먹고 죽은 동네 개들의 사체 모습을 보면서 개를 키우는 이들은 '우리 집 개가 쥐약을 먹으면 어쩌나……' 걱정하곤 했었다. 여우 목도리를 얻기 위한 사냥도 여우 수를 줄이는 데 한몫을 했음은 물론이다.

한반도 전국에 살았던 여우는 그렇게 급감했고, 2004년 강원도 양구 대암산에서 수컷 여우의 사체가 발견된 이후 야생에서는 목격되지 않았다. 그럼에도 여우에 대한 관심을 끊지 않고 있던 연구자들 중에는 경상북도 내륙의 산림지역에는 여우들이 남아 있지 않을까 기대하는 이들도 있었다. 실제로 경북에는 영양, 봉화 등 지형이 험하고, 개발이 덜 된 덕분에 비교적 많은 종류의 희귀 동물들이 확인되는 지역들이 있다.

여우 복원 사업은 진행 중

국립공원관리공단 종복원기술원의 여우 복원 사업은 토종 여우를 50마리 이상 증식시켜 여우가 멸종 위기를 벗어나도록 하는 것을 목표로 세웠었다. 50마리가 넘어서면 사람이 개입하지 않아도 개체 수가 유지되거나 증가될 수 있다는 판단에서다.

종복원기술원은 2012년 처음으로 두 쌍을 소백산에 방사했으나 방사한 지 일주일 만에 암컷여우 'KF05'는 민가의 아궁이에서 질식해 죽은 채 발견됐다. 수의팀의 부검 결과에 따르면 여우는 아궁이의 재를 들이마셔 호흡곤란으로 사망했다. 다른 수컷 여우인 'KM04'는 소백산을 벗어나 충북 단양까지 갔다가 불법적으로 설치돼 있던 올무에 다리가 걸린 채 발견됐다. 다리를 다친 이 여우는 다시 야생으로 돌아가기 어려운 상태가 됐다.

사람들의 눈에 띄지 않는 9,600제곱미터(약 2,900평) 넓이의 자연적응 훈련장에서 3개월 동안 야생 적응 훈련을 받은 여우들이었지만 처음 접하는 야생의 환경에 적응한다는 것이 쉽지만은 않았을 것이다. 물론 성과가 없었던 것은 아니다. 죽은 여우의 위 속에서 설치류가 발견된 것은 여우들이 받은 야생 적응 훈련이 헛되지 않았다는 것을 증명해 준다. 이때 방사한 여우들은 2012년 4월 서울대공원에서 태어난 여우들로 8월부터 11월까지 땅을 파서 굴을 마련하고, 몸을 숨길 수 있는 여러 개의 굴을 만들고, 야생의 먹잇감을 사냥하며 사람들을 피하는 훈련을 받았다.

토종 여우의 출산

2013년 6월에는 여우들이 모여 있는 소백산에서 축하할 만한 소식이 들려왔다. 토종 여우들 중 어미 여우 1마리가 그달에 새끼 3마리를 낳은 사실이 확인된 것이다. 시시티브이(CCTV)를 설치해 놓은 인공굴에 어미 여우와 새끼들이 머문 덕분에 출산 사실이 확인됐는데 1마리는 출산 초기에 숨졌고, 2마리만 살아남았다.

새끼 여우들 ©국립공원관리공단 종복원기술원

같은 해 9월 종복원기술원은 6마리를 소백산으로 방사했다. 중국에서 들여온 1~2년생 여우들 중에 적응도가 뛰어난 개체들을 선별했고, 이들 중 1마리는 강원도 평창까지 이동하면서 주목을 받기도 했다. 2014년 6월 10일 방사한 여우를 모니터링하던 연구자들은 1마리가 소백산을 벗어나 서서히 북쪽으로 이동하고 있다는 사실을 확인했는데 이 여우는 열흘에 걸쳐 소백산에서 46킬로미터나 떨어져 있는 평창의 한 야산까지 이동했다.

여우는 개체에 따라 이동하는 거리가 크게 차이가 나는데, 5킬로미터 정도만 이동하며 사는 개체들이 있는 반면 캐나다에서는 100킬로미터씩 이동해 다니는 경우도 확인된 바 있다. 이 여우는 다시 남쪽으로 이동해 강원도 영월을 거쳐 소백산 쪽으로 이동 중이다. 이 여우가 이렇게 장거리를 이동하는 이유는 먹고살기에 더 나은 환경을 찾아다니는 것일 가능성이 높다. 결국 여우 마음대로라는 이야기니 언제 어디로 이동할지는 사실 아무도 알 수 없다.

2014년 9월에는 한꺼번에 9마리가 자연의 품에 안겼다. 암컷 6마

위치 추적 장치를 목에 달고 있는 여우 ⓒ국립공원관리공단 종복원기술원

리, 수컷 3마리로 구성된 이 여우들은 지금 이 순간도 소백산의 야생에
서 살아남기 위해 열심히 살아가고 있다.

연구진은 많은 여우를 야생으로 내보낼수록 여우의 이동 행태, 먹
이 습성 등에 대한 소중한 자료들을 많이, 빨리 얻는 것이 가능할 것으
로 보고 있다. 여우 1마리를 추적 관찰하는데 연구자 4명이 필요하기
때문에 집중 관찰할 수 있는 여우는 몇 마리 안 되겠지만 말이다.

그럼 야생에 적응할 수 없는 여우들은 어떻게 될까? 올무에 걸렸던
KM04를 포함해 소백산에 나가도 살아남을 수 없을 것으로 보이는 여우
들은 생태학습장에서 보호받을 것으로 보인다. 동물원보다는 훨씬 넓은
우리에서 굴을 파고 사냥을 하는 등 본성을 존중받으며 살 수는 있겠지

만, 여우 입장에서 보면 자연보다 갇혀 지내는 것이 더 좋을 리는 없을 것이다.

한국에선 귀한 대접, 영국에선 흔해 빠진 동물

한국의 여우가 복원 사업의 대상으로 귀한 대접을 받고 있는 반면 여우가 흔한 동물로 길고양이 비슷한 대우를 받고 있는 나라들도 있다. 영국의 경우 대도시 주변에 사는 여우만 10,000마리에 달하다 보니 일명 '길여우' 때문에 골치를 앓는 이들이 많다. 여우가 미움을 받는 이유는 한국의 길고양이의 경우와 비슷하다. 쓰레기통을 뒤져서 어지럽히고, 밤에 섬뜩한 울음소리를 내기도 하기 때문이다. 여우가 집 안에 들어와 아기들을 공격했다며 미워하는 사람들도 늘어나다 보니 런던 시장이 나서서 법으로 금지돼 있는 여우 사냥에 대해 찬성하는 입장을 밝힌 적도 있다.

하지만 런던에서 만난 이들은 대체로 여우를 좋아하는 이들이 많았고, 좋아하지는 않더라도 미워하는 경우는 드물어 보였다. 런던이나 런던 교외에 사는 이들에게 여우를 본 적이 있냐고 물었을 때 돌아온 대답은 "오늘 아침에도 집 앞에서 봤는데요? 너무 귀여워서 쓰다듬고 싶었어요.", "길 가다 보면 흔히 보여요." 정도였으니 말이다.

영국 브리스톨대학교의 조사에 따르면 1990년대 영국 내 도시에

사는 여우는 33,000마리가량이다. 이 중 3분의 1 정도가 런던에 사는 것으로 추정되는데 런던 시가지가 확장되던 1930년대에 도시에 살게 된 것으로 추정된다. 도시를 제외한 지역에 사는 여우는 250,000마리에 달하는 것으로 알려져 있다.

여우는 요사스럽고 교활할까?

여우가 살고 있는 세계 곳곳의 전설과 설화에서 여우는 교활한 존재로 묘사된다. 한국의 구미호 이야기에서처럼 사람을 홀리는 요사스러운 동물로 등장하는 경우도 있다. 여우가 유독 다른 동물들에 비해 사람들에게 이런 안 좋은 느낌을 준 것은 여우가 깊은 산속이 아니라 사람이 사는 마을과 가까운 구릉이나 야산에 살았기 때문일지도 모른다. 아침이나 저녁 무렵 활발히 움직이는 쥐를 잡아먹기 위해 산과 마을의 사이, 들판과 숲이 만나는 경계에서 나타났다 숨었다 하는 여우의 모습이 옛사람들 눈에는 얄미웠을 수도 있다. 사람이 다가가면 겁이 많은 여우가 재빠르게 몸을 숨기고 도망가는 것이나, 자기 몸을 지키기 위해 여러 개의 굴을 파놓고 드나드는 모습이 영리하게 느껴지면서도 밉상이었을지도 모른다.

민가에 내려와 닭을 잡아먹는 등 피해를 끼치는 것도 사람들이 여우를 교활한 존재로 여기는 것에 영향을 미쳤을 것이다. 게다가 곰이나 늑대, 호랑이 같은 동물들은 존재는 알아도 쉽게 보기는 힘든 것에 비해 여우가 쉽게 눈에 띄는 친근한 존재였던 탓에 옛이야기의 주인공으로 자주 섭외된 탓도 있을 것이다.

붉은여우

한국, 일본, 중국, 유럽, 북아메리카 등에 사는 붉은여우는 갯과의 포유류이다. 특히 한국의 토종 여우는 모두 붉은여우이다. 몸길이는 70센티미터 정도이고 대개 누런 갈색 또는 붉은 갈색 털이 나 있다. 주둥이가 길고 뾰족하며 꼬리는 굵고 길다. 주로 겨울이 번식기이며 50일 정도의 임신 기간을 거쳐 봄에 3∼6마리의 새끼를 낳는다.

네 번째 이야기

바다로
나간
제돌이

제주도에서는 돌고래를 볼 수 있다.
차를 타고 가다가, 바다 경치를 보다가,
해안가 찻집에서 커피를 마시다가 우연히
돌고래를 보게 된다면 혹시 제돌이일지도
모른다.

제주도에서 볼 수 있는 돌고래 ⓒ장수진

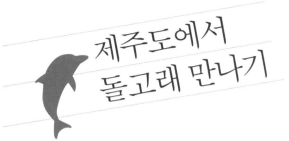

제주도에서
돌고래 만나기

나도 볼 수 있다

한국 남방큰돌고래들의 고향 제주도는 더 이상 육지에서 멀리 떨어져 있는 섬이 아니다. 저가 항공이 늘어나고, 기존 항공사도 운항 편수를 늘린 지금 제주도를 찾는 것은 마음만 먹으면 가능한 일이기 때문이다. 제주도가 가까워진 만큼 바다로 나간 제돌이와 항상 제주도 바다를 지키고 있는 돌고래들을 만나는 것도 그리 어려운 일만은 아니다. 어디서 어떻게 만날 수 있을지 사전 지식만 있다면 가능성은 크게 높아진다. 야생의 동물을 보는 것에 대해 '100퍼센트 볼 수 있다.'는 장담은 있을 수 없긴 하지만 말이다.

돌고래는 흐린 날 더 잘 보인다

사실 바다 저 멀리에서 돌고래들이 힘차게 헤엄치고 있더라도 사람들이 알아채기란 쉽지 않다. 돌고래 연구자와 함께 제주도 김녕 부근에서 빠르게 이동하고 있는 돌고래들을 발견했을 때도 해안에 있던 다른 관광객들은 전혀 눈치를 못 채고, 사진 찍기에만 정신이 팔려 있었다. 특히 햇빛이 밝게 빛나는 맑은 날은 돌고래를 찾아내기가 힘들다. 햇빛이 반짝반짝하며 반사되는 탓에 돌고래의 매끈한 검은색이 잘 보이지 않기 때문이다. 오히려 약간 흐린 날씨여서 하늘이 회색빛을 띠고 바다의 푸른빛도 덜한 날이 돌고래의 검은색을 찾아내기 쉽다. 제주도 바다를 돌며 수시로 돌고래 관찰을 하고 있는 이화여대 에코과학부의 장수진 연구원이 돌고래를 좀 더 쉽게 찾을 수 있는 방법을 알려 주었다.

"먼바다를 보다 보면 '돌고래인가?' 하는 생각이 드는 물체들이 잔뜩 바다 위에 떠 있어요. 바다 쓰레기도 있고, 부표도 있고, 가마우지가 떠 있기도 한데, 멀리서 보면 다 돌고래로 착각할 수 있죠. 파도가 넘실대는 모양이 돌고래가 일으키는 작은 파도가 아닌가 생각하기도 쉽죠. 제주도 바다에서 돌고래를 찾으려면 돌고래처럼 보이는 물체들을 찬찬히 살펴봐서 쓰레기, 부표, 가마우지, 파도를 다 제외해야 돼요. 그러고도 돌고래로 생각된다면 정말로 돌고래일 확률이 높아요."

해안도로에서도 돌고래를 볼 수 있다!

제주도에서 돌고래를 보고 싶을 때 시도해 볼 만한 방법으로 첫 번째 해안도로 드라이브를 들 수 있다. 제주도의 아름다운 해안도로들 중에도 특히 무릉리와 신도리 사이 해안도로를 지날 때는 잠시 차를 멈추고 돌고래들이 헤엄을 치고 있는지 지켜볼 것을 추천한다. 망원경이 있다면 돌고래들을 발견할 확률은 물론 더 높아진다.

제주도 북쪽 제주시에서는 제돌이와 춘삼이가 자유를 찾은 구좌읍 김녕리 부근과 종달리의 전망대가 돌고래들을 볼 확률이 높은 곳이다. 2014년 7월 일주일 정도 제주도에 머무르면서 돌고래 연구자와 함께 돌고래들을 찾아 헤맸을 때도 이 부근에서 빠르게 헤엄치는 돌고래 10여 마리를 만난 적이 있다. 넓은 바다를 시속 30~40킬로미터의 속도로 헤엄치는 돌고래들을 지켜보면 수족관에 갇혀 답답해하는 돌고래들을 보는 것과는 비교도 할 수 없을 만큼 상쾌하고 시원하다. 몇 걸음만 내딛어도 더 갈 데가 없는 좁은 교실이 아닌 운동장이나 들판에서 마음껏 뛰어다니는 아이들 모습을 보는 것과 비슷하다. 사실 넓어 봐야 10~20미터 길이인 수족관은 돌고래들 입장에서 보면 딱 한두 걸음만 걸을 수 있는 크기밖에 안 된다. 한 번 물속으로 잠수했다 뛰쳐나오는 거리가 자기 몸길이 3~4미터의 3~4배에 달하는 것을 생각하면 말이다.

제주도 남쪽 서귀포시 모슬포 앞바다도 돌고래들을 볼 가능성이 높은 곳이다. 모슬포항과 수월봉 사이 해안도로는 제주도에서 바다를 가

제주도 바다에서 돌고래를 찾아보자. ⓒ장수진

장 가깝게 볼 수 있는 도로로 꼽히는 곳이다. 기상청 고산기상대가 있는 수월봉은 절벽 위에서 바다를 멀리 바라볼 수 있는 곳이다. 돌고래 무리가 나타나면 드넓은 바다를 빠르게 헤엄치는 장관을 볼 수 있다. 돌고래를 보지는 못하더라도 아무런 장애물 없이 주변의 바다와 섬들을 볼 수 있는 곳이니 한 번쯤 올라가 볼 만한 곳이기도 하다. 성능이 좋은 카메라가 있다면 돌고래를 찍었을 때 마치 항공사진을 찍은 듯한 효과를 낼 수도 있다. 수월봉에서 내려와 제주시 방향으로 조금 더 해안도로를 달리다 보면 왼편에 보이는 차귀도 주변에서도 돌고래가 자주 목격된다.

바다에서 뛰어오르는 돌고래

김녕에서 종달리로 가다 해안도로 옆 카페에 앉아 쉬다 보면 커피를 즐기다가 바다에서 뛰어오르는 돌고래를 보는 행운을 누릴 수도 있다. 하지만 해안도로에서 돌고래를 볼 확률은 그리 높지 않다. 역시 가장 가능성이 높은 방법은 직접 바다로 나가는 것이다.

특히 배를 타고 제주도를 관광하다가 운이 좋으면 '선수파(船首波) 타기'를 즐기고 있는 돌고래를 관찰하게 될 수도 있다. 선수파란 배가 달릴 때 배의 앞머리에 이는 파도를 말하며, 이 파도를 따라 유영하는 선수파 타기 놀이를 즐기는 돌고래가 있다. 배가 달릴 때 발생하는 파도의 힘에 의지해 앞으로 나아가는 것이니 해수욕장에서 고무 튜브를 타고 있으면 파도가 들어올 때마다 튜브가 바닷가 쪽으로 빠르게 밀려 들어갔다가 나가는 것을 반복하는 것과 비슷한 느낌일 것이다. 돌고래 입장에서는 넓은 바다를 지나는 배를 만나야만 할 수 있는 놀이이니 돌고래 쇼를 보여 주는 좁은 수족관에서는 상상도 할 수 없는 놀이다.

제돌이와 춘삼이가 자유를 찾은 구좌읍 김녕리 해안가에서 민간 업체의 요트 투어를 이용하면 아무래도 돌고래들을 볼 가능성이 해안도로에서보다는 높아질 수 있다. 하지만 돌고래 투어에서도 돌고래를 볼 확률은 50퍼센트가 되지 않는다. 2014년 7월 제돌이 방류 1주년 행사 때 이 업체가 기록한 '돌고래 출석부'를 보니 바다에 나가 돌고래를 볼 확률은 3분의 1이 채 되지 않았다. 하지만 탈지 말지 어느 쪽이든 골라 달라고 한

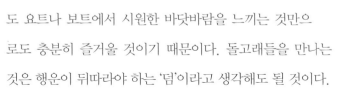

다면 타 보는 쪽을 추
천한다. 제돌이나 그
친구들을 보지 못하더라
도 요트나 보트에서 시원한 바닷바람을 느끼는 것만으
로도 충분히 즐거울 것이기 때문이다. 돌고래들을 만나는
것은 행운이 뒤따라야 하는 '덤'이라고 생각해도 될 것이다.

　제주도에서도 아름답기로 꼽히는 우도로 건너가는 배를 타는 것도
추천할 만한 코스다. 우도로 건너가는 뱃길이 돌고래들이 자주 지나다
니는 곳이다 보니 우도를 찾은 관광객들 중에도 돌고래들을 봤다는 이
들이 많다. 우도로 건너가는 뱃길과 다시 제주도 본토로 돌아오는 두 차
례 뱃길에서 바다를 보며 돌고래들을 찾아보자. 돌고래들을 못 보더라
도 우도에 건너가서 볼 수 있는 경치만으로도 충분히 만족하게 되리라
장담한다.

　사실 제주도에 사는 사람들에게 돌고래를 본 적이 있느냐고 물으면
"돌고래? 며칠 전에도 서귀포 쪽에서 봤는데?", "요즘은 못 봤지만 바닷
가 가면 가끔 볼 수 있어요."라고 답한다. 육지 사람들한테나 돌고래가
신기한 존재지 제주도 사람들에게는 비둘기, 다람쥐처럼 흔히 볼 수 있
는 동물이다. 어촌에 살고 있지 않더라도 제주도에서는 차를 타고 가다
가, 바다 경치를 보다가, 해안가 찻집에서 커피를 마시다가 우연히 돌고
래를 볼 수 있다.

돌고래를 만날 때 주의할 점

다만 동물을 관찰할 때 동물의 생태를 교란하는 행동을 하지 말아야 하듯 돌고래를 관찰할 때도 지켜야 하는 규칙들이 있다. 동물자유연대에서 김녕의 요트 업체에 전달한 내용에도 돌고래를 교란하지 않기 위해 주의해야 하는 내용들이 담겨 있다. 요트 업체가 돌고래의 안전을 위해 지켜야 할 사항들도 있지만 관광객들도 주의해야 하는 것들이 있음은 물론이다.

사람을 좋아하고, 사람에게 호기심을 느끼는 돌고래가 가까이 온다고 해서 돌고래를 만져서는 안 된다. 먹이를 주는 것 역시 야생성을 잃게 해 돌고래가 바다에서 먹이를 잡지 못하도록 만들 위험이 있으므로 절대로 먹이를 주면 안 된다. 미국의 경우는 법으로 해양 포유류에게 먹이를 주는 행위를 금지하고 있다. 그리고 돌고래가 놀라지 않도록 큰 소리를 내지 않아야 한다. 사람들은 잠시 바다에 들를 뿐이지만 돌고래들은 그곳이 삶의 터전이고, 사람들이 돌아간 후에도 바다에서 삶을 이어가야 한다는 것을 잊어서는 안 된다.

제돌이는 뒤돌아보지 않는다

남방큰돌고래 제돌이는 뒤를 돌아보지 않았다. 4년 2개월 만에 고향인 제주도 바다로 돌아가던 날 제돌이와 춘삼이는 가두리 양식장에서 아무도 모르게 나가 버렸다. 2013년 7월 18일 제주도 김녕의 가두리 양식장에서 배를 타고 지켜보던 연구자들도, 기자들도, 서울대공원 돌고래 사육사들도 그 누구도 제돌이의 뒷모습은 보지 못한 것이다. 자유를 찾은 돌고래가 물 밖으로 나와 사람들을 쳐다보며 인사하듯 떠나가는 것은 영화 속에서나 나오는 일이었던 셈이다.

이날 제돌이와 춘삼이의 방류는 둥근 가두리 양식장의 물에 잠긴 그물을 뜯어내는 방식으로 진행됐다. 오후 4시 13분쯤 제돌이방류시민

위원회 위원장인 최재천 이화여대 에코과학부 석좌교수와 동물보호단체 동물자유연대의 조희경 대표, 카라의 임순례 대표 등이 가두리 양식장의 그물을 일부 열었지만 돌고래들은 물 밖으로 나오지 않았다. 연구자들과 동물보호단체 활동가와 취재진 등 많은 이들이 모여든 모습에 겁이 나서였을 것이다.

일부 언론들이 "제돌이가 무언가 할 말이 있다는 듯 잠시 뒤를 돌아보다가 가두리 양식장을 떠나갔다."고 쓴 내용은 제돌이의 방류를 극적으로 만들기 위한 '소설'이었을 뿐이다. 물 밖에서는 돌고래들이 언제 어디로 나갔는지 알 수 없는 상황이었다. 물속에 촬영을 위한 방송국 잠수부들이 있긴 했지만 수중 카메라에만 겨우 돌고래들의 모습이 잡혔을 뿐이다. 원래 자신이 있어야 할 자리로 돌아가는 돌고래가 뒤를 돌아본다는 것 자체가 말이 안 되는 이야기이기도 하다. 답답한 수족관과 가두리 양식장에 제돌이는 아무 미련도 없었을 테니까 말이다.

영화 같은 재회는 없다

1년 후인 2014년 7월 18일 제돌이 방류 1주년을 맞아 김녕 앞바다에서 열린 기념행사에서도 돌고래들은 모습을 드러내지 않았다. 요트와 보트를 나눠 타고 돌고래들을 찾아다니던 동물보호단체 활동가들과 서울대공원 사육사들은 "제돌이가 이때 딱 맞춰서 나타나면 너무 영화 같

(위) 등지느러미에 '1'이 새겨져 있는 제돌이 ©장수진
(아래) 등지느러미에 '2'가 새겨져 있는 춘삼이 ©장수진

바다를 달리는 돌고래들 ©장수진

잖아요."라며 웃음을 지었다. 한 시간이 넘게 바다에서 돌고래들을 기다
려 봤지만 제돌이, 춘삼이는 물론 다른 돌고래들도 끝내 모습을 나타내
지 않았다.

　　하지만 제돌이의 방류는 영화 속 장면 같은 재회가 이뤄지지 않더
라도 충분히 감동적인 일이었다. 제돌이 방류와 관찰을 진행하고 있는
연구자들은 바다에서 처음 제돌이 등지느러미에 새겨진 '1'이라는 숫자
를 발견했던 순간의 감동을 잊지 못할 것 같다고 말한다. 방류 당일 제
돌이가 가두리 양식장 바깥에서 처음 발견된 것은 양식장을 개방한 지
40분이 지난 후인 오후 5시쯤이었다. 김녕항의 가두리에서 서북쪽으로

약 2.5킬로미터 떨어져 있는 다려도 인근에서 등지느러미에 '1'이 새겨져 있는 돌고래가 발견됐다는 소식에 연구진은 모터보트를 나눠 타고 바다를 달렸다. 좁은 수족관과 가두리에 갇혀 답답했었을 제돌이는 고향 바다를 마음껏 내달렸다. 춘삼이는 같은 날 저녁 8시가 조금 넘어 우도 앞바다에서 확인됐다.

바다에서 자유롭게 헤엄치는 돌고래를 볼 때의 느낌과 수족관 돌고래를 볼 때의 느낌은 전혀 다르다. 수족관에서 돌고래들이 사람이 시키는 대로 쇼를 하는 모습이나 좁은 수조 속을 천천히 움직여 다니는 것은 돌고래에게는 지극히 부자연스러운 모습이기 때문이다. 다 자란 남방큰돌고래가 길이 2.5~2.7미터, 몸무게 230킬로그램 정도인 것을 생각하면 수족관 수조가 얼마나 좁게 느껴질지 짐작이 될 것이다. 수족관과는 반대로 바다에서 빠르게 움직이는 돌고래는 보는 것만으로도 시원한 느낌이다.

야생 돌고래 무리에 합류하다

연구진이 한숨을 돌리고, 안심할 수 있었던 때는 방류한 지 16일이 지난 8월 3일이었다. 제돌이와 춘삼이가 야생 돌고래 무리에 합류한 사실이 처음으로 확인된 것이다. 제주대학교 연구진과 이화여대 에코과학부 연구진은 이날 오후 4~5시쯤 제주 구좌읍 하도리와 종달리 앞바다 사이에서 100여 마리의 남방큰돌고래 무리에 섞여 함께 먹이 사냥을 하는 제돌이와 춘삼이의 모습을 포착했다. 연구진은 바다에서 촬영한 영상과 사진을 분석한 결과 야생 돌고래 무리에 등지느러미에 1번이 새겨진 제돌이와 2번이 새겨진 춘삼이가 섞여 있는 사실을 확인했다. 이때부터 제돌이와 춘삼이는 무리와 함께 다니면서 사냥을 하고, 때로는 무리 선두에서 유영하면서 무리 생활에 제대로 합류한 모습을 보여 줬다. 남방큰돌고래는 암컷이 무리를 이끄는데 춘삼이와 삼팔이는 때로 무리의 선두에서 헤엄을 치는 모습이 목격되기도 했다.

이날 무리 합류가 확인되기 전까지 제돌이와 춘삼이는 방류된 곳에서 10여 킬로미터 떨어진 제주도 월정리 앞바다와 우도 앞바다 사이에서 따로 떨어져 활동하고 있었다. 춘삼이는 하도리 앞바다에서 새끼 1마리를 데리고 있는 야생 남방큰돌고래 암컷과 함께 어울려 노는 모습이 확인됐지만 제돌이는 월정리 앞바다에서 홀로 지내고 있었다.

수시로 제주도 바다에서 돌고래들을 관찰하고 있는 이화여대 에코과학부 장수진 연구원은 당시를 회상하며 "제주도 어민들이 이상한 돌고래가 있다는 제보를 많이 했어요."라며 웃음을 지었다. 적어도 3~4마리, 많으면 100여 마리로 무리를 지어 다니는 다른 돌고래들과는 달리

야외의 가두리 양식장에서 제돌이, 춘삼이, 삼팔이가 방류 전 야생 적응 훈련을 받는 모습 ©김기범

돌고래 1마리가 혼자 바닷가에서 둥둥 떠 있기만 한다는 것이었다. 그 돌고래는 제돌이일 가능성이 높았다. 가두리 양식장에서도 같이 적응 훈련을 한 춘삼이나 삼팔이에 비해 제돌이는 혼자 물 위에 떠서는 가만히 있을 때가 많았기 때문이다. 바다를 헤엄쳐 다닐 체력이 부족한 것이 아닐까 걱정이 될 수밖에 없었다.

그랬던 제돌이가 무리에 합류했다는 것은 야생 적응에 확실히 성공했음을 보여 주는 일이었다. 혼자 먹이 사냥을 하는 것이 가능했기 때문에 홀로 생활해도 별문제는 없지만 돌고래는 기본적으로 공동생활을 하는 동물이다.

위치 추적

제돌이와 춘삼이를 추적하는 연구에서 등지느러미에 달아놓은 위성 항법 추적 장치(GPS)는 별다른 구실을 하지 못했다. 수백만 원을 들여 비싼 장비를 사고, 값비싼 위성 이용료를 냈지만 2013년 7월 18일 방류 후 채 한 달도 제대로 작동되지 않았던 것이다. 제주도에서 제돌이·춘삼이 등 남방큰돌고래 생태를 연구하고 있는 이화여대 에코과학부와 제주대 해양과학대 연구진이 공개한 자료를 보면 제돌이는 같은 해 7월 29일까지만 위치 정보가 파악된 후 위성 신호가 잡히지 않았다. 춘삼이는 8월 1일까지만 위치 정보가 포착되었다. 삼팔이는 연구진이 위치 추

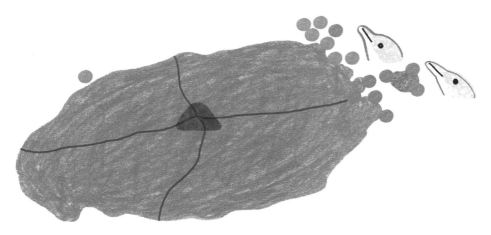

제돌이, 춘삼이 위치 신호 포착 지점 지도

적 장치를 부착하기 전 가두리 양식장을 빠져나갔다.

하지만 위성 신호와 상관없이 제돌이는 방류 이후 같은 해 9월 초까지 8차례, 춘삼이는 7차례 목격되었다. 7월 27일에는 제주시 한경면 고산리 차귀도 부근에서 제돌이와 춘삼이가 함께 헤엄치는 모습이 포착되기도 했다. 육안으로는 계속 바다에서 목격되었지만 위성 신호는 잡히지 않은 것이다.

사실 해양 동물의 위치 추적 연구는 물이라는 장애물 때문에 큰 효과를 기대하기 어렵다. 위성 항법 추적 장치의 위성 신호는 장치를 부착한 돌고래 등이 수면에 오랫동안 떠 있을 때만 잡히고, 물속으로 들어가면 무용지물이 되기 때문이다. 위성 항법 추적 장치가 고장 나기도 쉽다.

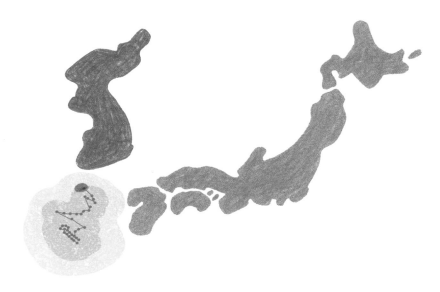

고래상어 해랑이의 이동 경로 지도

　연구진은 제돌이와 춘삼이가 무리 생활에 완전히 적응한 것도 위치 정보 포착이 어려워진 이유로 분석하고 있다. 무리에 합류하기 전에는 혼자 수면에 머무는 시간이 길다 보니 신호가 잘 잡혔는데 무리에 합류하면서 수면에 오래 머물지 않게 되었다는 것이다. 제돌이와 춘삼이의 등지느러미에 달려 있는 위치 추적 장치 태그는 돌고래들이 45초 이상 수면 위에 떠 있는 상태에서 네 차례 이상 위성에 포착되어야 위치를 파악할 수 있는 시스템이었다. 실제로 돌고래들이 무리에 합류한 시기와 위치 정보가 파악되지 않는 시기도 맞아떨어졌다.

　2012년 바다로 돌아간 고래상어 '해랑이' 때도 위치 추적 장치는 2개월 정도밖에 작동되지 않았다. 그해 9월 6일 제주도에서 방류된 해랑이는 꾸준히 남하해 제주도 남쪽 160~208킬로미터 부근 해역에 머물렀다. 그러나 11월 5일 위치 추적 장치가 떨어져 나가기 5~6일 전부터 고래상어의 움직임은 수심 112미터 정도에서 변함이 없는 것으로 나타났다. 덕분에 해랑이가 죽었는지 살았는지, 살았다면 어디로 이동했는지를 판단하기는 어렵게 되었다. 고래상어 방사 경험이 풍부한 일본 오키나와 주라우미수족관 측도 이런 사례는 처음이라고 할 정도였다.

해랑이의 위치 추적을 위해 부착한 전자태그는 다음 세 가지 경우가 발생하면 해랑이 몸에서 떨어져 나와 위성으로 자료를 보내도록 되어 있는 장치였다. 해랑이가 수심 1,000미터보다 더 깊이 들어갈 경우, 96시간(4일) 동안 수심에 변동이 없을 경우, 물 밖으로 나오는 경우 등이었다. 이런 장치를 부착한 것은 고래상어가 돌고래, 고래나 거북류와는 달리 수면 밖으로 나오는 일이 없어 위성 신호를 포착하기 어렵기 때문이었다.

언제까지 제돌이를 제주도에서 볼 수 있을까?

2013년 7월 바다로 돌아간 제돌이는 제주도 바다에서 언제까지 살수 있을까? 남방큰돌고래의 평균수명은 40년 정도로 알려져 있는데 지난해 방류될 당시 제돌이의 나이는 열네 살쯤으로 추정된다. 어민들의 그물에 걸리는 등의 사고를 피하고, 건강에 문제없이 살아간다면 앞으로 적어도 20년은 제주도 앞바다에서 제돌이를 볼 수 있는 셈이다. 아시아에서 처음으로 방류된 돌고래 제돌이가 어떻게 살아갈지는 국내외 학자들은 물론, 제돌이의 방류를 기억하는 시민들 모두의 큰 관심거리다. 사실 국내에서는 남방큰돌고래에 대한 연구가 아직까진 많이 이뤄져 있지 않다. 남방큰돌고래는 남아프리카·중동·인도·호주·동남아·동북아에 서식하는 해양 포유류인데 국제자연보호연맹(IUCN)에서는 2019년 멸종 위기 직전의 동물로 등재했다.

1번
제돌이

제돌아, 건강하게 잘 지내 줘서 고맙다!

2014년 7월 18일 제돌이 방류 1주년을 맞아 제주도에서 열린 기념 행사에서 동물보호단체 활동가, 서울대공원 관계자, 시민들이 입을 모아 말했다. "제돌아, 건강하게 잘 지내 줘서 고맙다!" 1년 전 바다로 나간 후 1개월도 안 돼 돌고래 무리에 합류하고, 건강하게 바다를 누비고 다니는 제돌이에 대해 행사장에 모인 사람들은 대견해하고, 기특해했다. 제돌이가 방류되기 한 달 전쯤 제주도의 가두리 양식장에서 바다 적응 훈련을 받던 모습을 알고 있는 이들은 그때의 기억을 떠올리며 살짝 웃음을 짓기도 했다. 그때만 해도 같이 방류될 예정이었던 춘삼이나 삼팔이에 비해 둔해 보이는 모습에 살짝 걱정이 됐는데 그런 생각을 한 것

제돌이 방류 1주년 행사. "제돌아, 건강하게 잘 지내 줘서 고맙다!" ©김기범

을 나무라듯 제돌이는 건강하게 지내고 있었다.

　제돌이의 방류는 사실 순탄하지만은 않았다. 제돌이가 겪어야 했던 적응 훈련도 힘겨운 과정이었고, 제돌이를 돌려보내기 위해 노력한 이들도 쉽지 않은 절차를 거쳐야 했다. 제돌이가 바다로 돌아가기 위해 견뎌야 했던 두 가지 훈련 중 하나는 서울동물원에서 했던 이별 연습이고, 다른 하나는 제주도의 가두리 양식장에서 야생의 바다에 적응하기 위해 했던 훈련이었다. 동물원에서 10년 넘게 생활한 제돌이는 공연을 나갈 때나, 먹이를 먹을 때, 휴식을 취할 때 다른 돌고래들과 함께 지내 왔다. 무리 생활을 하는 돌고래의 특성상 다른 돌고래들과 함께 움직이는 것에 익숙한 제돌이가 바다로 돌아가기 위해서는 함께 지내던 '친구'들과 떨어져 지내는 연습이 필수적이었다. 2013년 봄 서울동물원에서 제돌이가 겪은 이별 연습의 핵심은 다른 돌고래들이 공연장에 있을 때 제돌이만 안쪽 수조로 들어가게 하고, 먹이도 혼자 먹게 하는 것이었다. 제돌이는 당연히 처음에는 이별 연습을 의아하게 생각했다. 서울동물원 사육사들은 "제돌이가 '왜 나만 들어가느냐?'고 묻는 듯했어요. 다른 돌고래들도 제돌이만 따로 움직이는 것에 대해 궁금해하는 눈치였고요."라고 말했다. 제돌이가 단독 행동에 어느 정도 익숙해진 후에는 자연 상태와 비슷하도록 비정기적으로 살아 있는 물고기를 주는 방식으로 적응 훈련을 시작했다. 야생은 정해진 시간에 죽은 물고기를 주는 동물원과 다르기 때문이다.

제돌이 제주도 수송 작전

마침 대법원이 불법 포획된 후 제주 퍼시픽랜드라는 수족관에서 쇼에 이용됐던 돌고래들인 삼팔이, 춘삼이, 태산이, 복순이를 압류한 것도 제돌이에게는 행운이었다. 함께 움직이는 것을 좋아하는 돌고래의 습성을 감안하면 같이 방류 훈련을 받고 같이 바다로 나가는 게 여러모로 유리하기 때문이었다. 이들 4마리와 제돌이가 같은 제주도 바다 출신인 것도 다행스러운 일이었다. 지역마다 사람의 언어가 다른 것처럼 돌고래도 지역이 다르면 초음파가 달라 의사소통이 어렵다고 이야기하는 전문가도 있다.

2013년 5월 드디어 제돌이는 비행기를 타고 고향 제주도 바다로 떠났다. 동물자유연대와 카라 등 동물보호단체들이 비용을 댔고, 서울시에서도 힘을 보탰다. 제돌이 수송 작전은 5월 11일 새벽부터 시작됐다. 제돌이가 불안해하지 않도록 5톤짜리 무진동 차량에 제돌이를 태운 후 오전 7시쯤 과천 서울대공원에서 인천공항으로 이동이 시작됐다. 제돌이는 오전 10시 30분 아시아나항공의 특별 전세기로 인천공항을 이륙해 오전 11시 40분쯤 제주공항에 도착했다. 이동 중에는 제돌이를 돌봐 온 서울대공원 사육사가 제돌이를 안정시켰고, 만일의 사태를 대비해 수의사도 동행했다.

다. 바다 표면에 떠 있는 물고기를 잡기 위해 배영을 하다 몸을 뒤집어 사냥하는 등 민첩한 모습을 보이기도 했다. 기절하거나 죽은 물고기에는 큰 관심을 보이지 않는 모습에서 '야생성이 살아났구나.' 하는 생각이 들었다. 수족관에서 편하게 죽은 먹이만 받아먹던 것보다 사냥해서 먹는 것을 즐기게 된 것이다. 야생의 돌고래들은 초음파를 쏴서 먹이를 확인하고 사냥을 하기 때문에 살아 있는 먹이에 민감하게 반응한다.

사실 가두리 양식장 속의 돌고래 3마리를 구분하기는 쉽지 않았다. 제돌이는 등지느러미에 인식표가 붙어 있어서 쉽게 구분할 수 있었지만 춘삼이와 삼팔이는 한동안 지켜보고 있어도 어느 개체가 춘삼이인지, 삼팔이인지 알기 어려웠다. 연구자들이 힌트를 준 다음에야 겨우 둘 중 비교적 흰색인 돌고래가 삼팔이이고, 약간 짙은 색에 등지느러미에 파인 자국이 있는 돌고래가 춘삼이인 것을 알 수 있었다.

사람을 사귈 때도 이름을 알고, 얼굴을 익힌 다음부터 그 사람이 어떤 사람인지 알아 갈 수 있듯이 돌고래들을 구분할 수 있게 되자 돌고래마다 개성이 다르다는 것을 알 수 있었다. 제돌이는 고등어 머리를 물고 돌아다니는 모습이 눈에 띄었다. 춘삼이는 주로 작은 물고기를 잡아서 물고 다니며 집어 던지고 노는 것을 좋아하는 듯했다. 춘삼이는 노란색 거북복 1마리를 잡아 배구를 하듯 삼팔이에게 던지곤 했다. 거북복을 놔줬다가 다시 잡아서는 물고 다니기를 반복하기도 했다. 연구자들은 삼팔이의 경우 주로 해조류를 지느러미에 걸치고 다니며 노는 것을 선호한다고 전했다. 해조류를 지느러미에 걸고 다니는 것은 야생의 돌고래들에게서 흔히 볼 수 있는 모습 중 하나다.

그러나 역시 먼저 훈련한 경험은 무시하기 어려웠다. 4월부터 가두리에 와 있던 춘삼이, 삼팔이와 달리 한 달 늦게 훈련을 시작한 제돌이는 금방 지친 듯한 모습을 보였다. 물 위에 고개를 내밀고 휴식을 취하는 모습이 자주 눈에 띄었다. 돌고래 쇼를 그만둔 후 수조에서 별다른 움직임 없이 지내면서 살이 붙는 바람에 춘삼이와 삼팔이만큼 활발한 움직임을 보이지 못하는 것이었다. 제돌이는 춘삼이, 삼팔이와 한 줄로 헤엄치며 어울리다가도 멀리 사람들이 보이는 방향을 바라보며 쉬는 모습을 보이기도 했다.

3마리의 돌고래를 만나고 서울에 돌아오자마자 돌고래에 대한 속보가 들려왔다. 바다로 돌아가기로 되어 있던 6월 말까지 남은 며칠을 참지 못한 삼팔이가 가두리 양식장 밖으로 나가 버린 것이다. 깜짝 놀라 제주도의 연구진에게 전화를 걸어 보니 태풍으로 인해 가두리 그물망에 생긴 구멍으로 삼팔이가 빠져나갔다고 했다. 나중에 날씨가 악화되면서 연기되긴 했지만 방류를 불과 열흘 남겨둔 때였다. '삼팔이가 고향 바다로 빨리 돌아가고 싶었나 보다.' 하는 생각이 들었다. 삼팔이는 적응 훈련을 받던 돌고래들 중에서 가장 활동성이 좋았고, 호기심도 많은 개체였다. 가두리를 빠져나간 후에는 사육사의 유도신호에도 반응하지 않았다고 한다. 덕분에 삼팔이는 등지느러미에 번호가 새겨지는 운명도 피할 수 있었다.

제돌이 등지느러미에 숫자가 새겨진 이유

사실 돌고래들의 등지느러미에 숫자를 새기는 것을 두고는 제돌이 방류를 위해 노력한 서울시 제돌이방류시민위원회 내에서도 의견이 갈렸다. 일부 시민위원은 돌고래들에게 숫자를 새기는 것을 반대하며 끝내 위원직을 사퇴하기도 했다. 1과 2라는 숫자로 돌고래를 관찰하려는 것은 사람의 편의를 위한 것일 뿐이라는 주장이었다. 고향 바다로 돌려보낸 후에도 '추적 관찰'이라는 이름으로 '돌고래 공연'을 계속 즐기는 것과 뭐가 다르냐는 이야기이다.

환경운동연합 바다위원회 최예용 위원장은 "자연생태를 연구하는 과학조사는 '있는 그대로' 해야 해요."라며 돌고래에게 숫자를 새기는 추적 관찰 방식을 강하게 반대했다. 10년 넘게 돌고래 보호를 위한 활동을 벌여 온 그는 등지느러미에 1과 2라는 숫자를 새긴 것은 제돌이를 바다로 돌려보내는 생태적 감수성을 무색하게 하는 '너무나 인간 중심적인 시각'이라고 말한다. 사진 촬영을 통해 등지느러미의 특징을 구분하는 방식이 전 세계적으로도 널리 사용되고 있는데 굳이 돌고래에 인위적인 흔적을 남길 필요가 있느냐는 이야기다. 최예용 위원장은 "남방큰돌고래를 오랫동안 조사해 온 고래연구소는 각 개체의 등지느러미가 고유의 특징을 갖고 있는 것을 사진으로 식별했고, 120여 개체마다 고유번호를 붙였어요. 제돌이도 그렇게 해서 원래 제주도 바다에서 살았다는 것이 확인됐죠."라고 설명했다.

하지만 굳이 등지느러미에 숫자를 새긴 것에도 그 나름의 이유가 있다. 방류만 하고 끝이 아니라 계속 관찰하고 연구하기 위해, 그리고 앞으로 바다로 돌려보낼 다른 돌고래들을 위해서도 추적과 연구가 필요하기 때문이다. 넓은 바다에서 돌고래를 발견했을 때 제돌이, 춘삼이를

(왼쪽) 등지느러미에 '1'이 새겨져 있는 제돌이 ⓒ장수진
(오른쪽) 등지느러미에 '2'가 새겨져 있는 춘삼이 ⓒ장수진

바로 확인하는 것은 쉽지 않은 일이지만 숫자가 새겨져 있다면 이야기는 달라진다.

숫자를 새겨야 한다는 다른 근거는 돌고래를 보호하기 위해서였다. 돌고래가 어민들의 그물에 잘못 걸려들어 희생되는 경우가 많은데 숫자가 새겨져 있으면 아무래도 어민들도 조심스럽게 다루지 않겠냐는 것이었다. 돌고래에 대한 친근감과 관심을 높이는 데도 효과가 있으리라는 의도도 있었다.

제주도를 돌아다니며 관찰하고 연구하고 있는 연구자의 이야기를 들어 보면 등지느러미의 숫자가 어느 정도 효과를 발휘한 것만은 분명한 사실이다. 어민들이 "삼돌이? 춘팔이? 아무튼 그 숫자 새겨진 돌고래 몇 번 봤지.", "나는 2번 돌고래 봤어." 같은 목격담을 이야기하며 친근함을 표현한다고 한다. 엄밀히 말하면, 어민들에게는 그물에 걸린 물고기를 먹어 버리기도 하는 돌고래들이 반갑기만 한 존재는 아닌데도 말이다.

해녀들도 돌고래를 종종 본다고 한다. 돌고래가 갑자기 나타나서 깜짝 놀랄 때가 많다고 한다. 돌고래가 워낙 사람에게 호기심이 많다 보니 해녀들이 바닷속에서 작업을 하고 있으면 살짝 다가와 뭘 하는지 보곤 하는데 길이 3미터에 가까운 거구가 물속에서 불쑥 나타나면 놀랄 수밖에 없다. 돌고래는 해녀들에게 호감을 표시하는 것일지도 모르지만 말이다.

등지느러미 숫자 논쟁은 앞으로도 계속될 것으로 보인다. 야생 돌고래의 등지느러미에 숫자를 새기는 것은 자연스럽지 않다. 그래서 숫자를 새기는 것의 효과와 새기지 않는 것의 당위성 중에 하나를 선택하기는 더욱 어렵다.

옛사람들은 돌고래를 어떻게 생각했을까?

선조들은 대체로 돌고래를 돼지와 비슷하게 생겼다고 생각한 것 같다. 돌고래를 일컫는 옛 이름은 강돈(江豚), 해돈(海豚)으로, 강의 돼지, 바다의 돼지라는 뜻이다. 남방큰돌고래, 큰돌고래, 토종 돌고래인 상괭이를 구분하지 않고 모두 같은 동물로 여긴 것으로 짐작된다.

조선 선조 때 학자 이수광이 지은 『지봉유설』에는 '한강에서 큰 물고기가 나왔다. 크기가 돼지만 하고, 빛은 희고, 길이가 한 길은 넘으며, 머리 뒤에 구멍이 있다. 그 이름을 아는 사람이 없었다. 대개 바닷물고기가 조수를 따라서 거슬러 올라온 것이라고 했다. 상고하건대 『운부』에 보면, 해돈의 머리 위에 구멍이 있어 그 구멍으로 물을 뿜어 올린다라고 하였으니 바로 이 물건이다.'라는 내용이 있다. 『지봉유설』은 한국 최초의 백과사전 격인 서적이며 『운부』 역시 선조 때 집필된 일종의 백과사전을 말한다. 또 중국 당나라 때 수필집인 『유양잡조』에는 '한 마리를 잡으면 서너 섬의 기름을 얻을 수 있다. 이 기름을 가져다가 등불을 밝혀서 독서를 하거나 길쌈을 한다.'는 내용도 들어 있다.

돌고래
쇼

돌고래 쇼가 재미있어요

동물원이나 수족관에서 돌고래, 점박이물범 등 해양 포유류를 볼 때 사람들은 어떤 생각을 할까? 호기심이 생기기도 하고, 신기하기도 하고, 귀여워서 가까이 다가가 보고 싶고, 만져 보고 싶기도 할 것이다. 사실 돌고래나 점박이물범을 볼 때 사람들이 이런 반응을 보이는 것은 어쩌면 매우 자연스러운 일일지도 모른다.

동물원이나 수족관에 대해 비판하는 동물보호단체 활동가도 "돌고래 쇼나 바다표범 쇼의 문제점을 파악하기 위해 쇼를 보다 보면, 저도 모르게 웃음이 나고 재밌다고 느낄 때가 있어요."라고 말할 정도니 말이다. 사실 해양 포유류가 이런 쇼에 이용되는 이유는 영리해서 훈련이 가능할 뿐만 아니라 사람들에게 호감을 주는 겉모습을 가졌기 때문일 것이다.

돌고래에게 수족관은 좋은 집일까?

그런데 우리가 돌고래나 바다표범 같은 동물들의 입장이 된다면 어떨까? 어느 날 학교를 마치고 집에 가고 있는데, 또는 직장에 출근을 하고 있는데 함정에 빠져 꼼짝도 못하게 됐다고 상상해 보자.

밖으로 빠져나가려 애를 써 봤지만 계속 실패하고, 더 이상 몸부림칠 힘조차 남지 않았는데 처음 보는 '동물'들이 '나'를 끄집어 올리더니 큰 상자에 가둬 버린다. 상자가 계속 흔들린 지 얼마나 지났을까? 마음은 불안하고 배도 고프고 어쩔 줄을 모르겠는데 갑자기 상자가 열린다. 그 '동물'들은 다시 '나'를 꺼내서는 사방이 투명한 상자 안에 가둬 버린다. 그들이 먹을 것을 주자 먹어도 되나 하는 생각이 들긴 했지만 배가 고파서 어쩔 수가 없다. 허겁지겁 먹고 나니 그들은 나를 끊임없이 관찰하고 있다. 무섭다. 집에 가고 싶다. 하지만 그날 이후 '나'는 투명한 상자를 벗어나지 못한다.

돌고래의 속마음을 미루어 짐작해 본 이 내용은 공포 영화나 스릴러 영화에나 나올 법한 장면 아닐까? 사람이 동물의 마음을 100퍼센트 이해하는 것은 물론 불가능하다. 하지만 좁은 수조 속에 갇힌 이들 해양 포유류가 느끼는 감정이 '두려움'과 '답답함'이라는 것은 길게 설명하지 않아도 누구나 공감할 수 있을 것이라 믿는다. 2014년 7월 경남 거제의 거제씨월드에서 만난 큰돌고래들도 움직임의 자유를 잃어버린 탓인지 갑갑하고, 뭔가 부자연스러워 보이는 모습이었다. 몸길이 3~4미터의 큰돌고래들에게는 이 수족관의 수조가 한번 물 밖으로 뛰쳐나왔다 들어가면 더 이상 헤엄칠 공간이 없는 좁아터진 공간이었다. 사람으로 치면 고시원 방처럼 좁은 공간에서 딱 한 걸음만 걸어도 더 앞으로 나갈 곳이 없는 상황이었다. 제주도 앞바다에서 본 야생 돌고래 떼의 힘찬 움직임과는 달리 힘이 빠져 보이는 모습이었다.

큰돌고래 수조 바로 옆의 흰고래(벨루가)들은 더 답답해 보였다. 주로 북극해나 그린란드 주변에 사는 국제적 멸종 위기종인 흰고래들은 수조가 너무 작다 보니 물속과 물 밖을 오르락내리락할 뿐이었다. 두세 시간 동안 지켜보는 내내 흰고래들은 물 밖으로 나와 사육사가 먹이라도 던져 주지 않나 바라보다가 물속으로 들어갔다가를 반복하며 둥둥 떠 있기만 했다.

2013년 7월 자유를 찾은 남방큰돌고래 제돌이가 바다로 떠나기 전 가두리 양식장에서 바다 적응 훈련을 받을 때 모습이 떠올랐다. 방류를 한 달쯤 앞둔 6월, 바다에 덜 적응된 상태였던 제돌이는 힘차게 헤엄을 치다가도 양식장 귀퉁이에서 사람들 있는 쪽을 바라보며 둥둥 떠 있을 때가 많았다. 물 밖으로 뛰쳐나왔다 들어가기를 반복하는 돌고래 특유의 이동 방식을 흰고래들이 아직 기억하고 있을지 걱정스러웠다.

돌고래를 보는 올바른 자세

돌고래 쇼를 보러 수족관에 온 사람들조차도 돌고래들을 동정하는 대화를 주고받기도 한다. 유치원생 아이와 엄마가 나눈 대화가 돌고래 쇼를 보면서 사람들이 인지상정(人之常情: 사람이면 누구나 가지는 보통의 마음)으로 느껴야 하는 감정 표현의 좋은 예가 아닐까 싶다.

"저렇게 좁은 데서 오래 살 수 있을까요?"

"그러게, 정말 너무 안됐다."

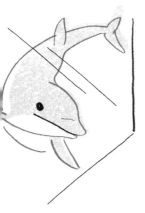

하지만 생태 설명회라는 이름을 붙였을 뿐 예전의 돌고래 쇼와 다를 바 없는 쇼를 진행하던 사회자는 관람객들을 향해 마치 변명을 하듯 말했다.

"돌고래들은 즐겁고 흥미로운 게임을 하는 것으로 생각해요. 그래서 조련사들이 하자는 대로 하는 것이지요."

사회자의 말대로 좁은 수조에 갇혀 매일 쇼에 동원되면서 관람객들이 내는 소음과 때로는 자신을 만지는 손길까지 견뎌 내야 하는 돌고래들은 행복하다고 느낄까? 환경단체, 동물보호단체 활동가들은 물론 해외 전문가들은 말이 안 되는 이야기라고 잘라 말한다. 세계적인 돌고래 보호활동가 리처드 오배리는 이메일로 주고받은 인터뷰에서 "거제씨월드 사회자의 설명은 거짓말입니다."라고 단호하게 부인했다. 그는 조련사들이 먹이를 부족하게 주는 방식으로 돌고래들을 통제하는 경우가 많다고 했다.

제주 퍼시픽랜드에서 오랫동안 쇼에 동원됐던 태산이와 복순이의 사례도 돌고래들이 결코 즐겁지 않다는 사실을 증명해 준다. 2014년 8월 현재 울산의 고래박물관에서 보호받고 있는 태산이와 복순이는 애초에 제돌이와 함께 2013년 방류됐어야 하는 돌고래들이다. 대법원은 이들 둘과 춘삼이, 삼팔이 등 모두 4마리가 어민들의 그물에 잘못 걸려든 후 쇼에 동원된 점이 불법이라고 인정했고, 국가에서 몰수하도록 했다. 하지만 쇼에 동원되며 훈련을 받으면서 얻은 마음의 병으로 인해 태산이와 복순이는 아직까지 풀려나지 못하고 있다.

2014년 7월 초 고래박물관에서 두 돌고래를 확인한 동물보호단체 동물자유연대에 따르면 이들은 여전히 정서적으로 불안한 모습을 보이고 있다. 다른 돌고래들은 청어, 열빙어 등 다양한 먹이를 먹는데 태산이와 복순이는 고등어만 먹고 있다. 먹이가 바뀔 경우 그나마 지금 먹고 있는 고등어도 안 먹게 될까 봐 걱정스럽기 때문이다. 또 태산이와 복순이는 수조에 사람이 접근만 해도 곧잘 격렬한 움직임을 보이는 등 보통의 돌고래들은 보이지 않는 이상행동을 나타내고 있다. 하루 종일 둥둥 떠서 가만히 있는 경우도 많다고 한다.

갇힌 돌고래는 마음의 병에 걸린다

2013년 6월 몰수된 직후 서울대공원에서 태산이와 복순이를 처음 봤을 때도 태산이와 복순이는 사육사가 던져 줬다가 가라앉은 먹이조차 두려워했다. 그나마 낯을 익힌 사육사 말고 다른 사람이 접근하면 돌고래들이 지나치게 불안해했기 때문에 멀찍이 떨어져서 관찰해야 했다. 동물원 사육사들도 안쓰러워했다.

"이런 돌고래는 처음 봐요. 보통 다른 돌고래들은 사람에게 호기심을 보이고 가까이 다가오는데 얘들은 마음의 병이 심한 것 같네요."

전문가들은 주둥이가 비정상적으로 휘어 있는 태산이의 경우 돌고래 쇼를 하다가 학대를 당하면서 더 상태가 안 좋아진 것이 아닌지 의문을 제기하기도 했다. 담당 부처인 해양수산부가 별다른 대책을 내놓지 않고 있는 탓에 이 돌고래들이 바다로 언제 나갈 수 있을지는 알 수 없는 상태다.

돌고래들은 좁은 수조 속에서 마음의 병만 걸리는 것이 아니라 몸

2013년 심리상태가 불안한 태산이, 복순이가 서울대공원 내에서 보호받고 있다. ⓒ김기범

에도 병이 걸려 쉽게 죽음을 맞이한다. 환경단체인 환경보건시민센터가 집계한 자료를 보면 2011년부터 2013년까지 3년 동안 서울·울산·제주에 있는 수족관 3곳에서 죽은 고래류는 모두 15마리였다. 사육시설에 있던 고래 71마리 중에 21퍼센트에 달하는 숫자니 확인된 것만으로도 5마리 중 1마리꼴로 죽음을 맞은 셈이다. 이들의 대부분은 자연에서의 수명인 30~50년보다 어린 고래들로 추정된다. 환경단체들은 넓은 바다에서 살아야 하는 대형 해양 동물을 좁은 수조에 가둬 놓은 반생태적 행위가 고래들을 죽게 한 원인이라고 생각한다. 이들 단체는 또 돌고래들이 느끼는 답답함과 마음의 병을 생각하면 동물원이나 수족관에 가서 돌고래 쇼를 보는 것은 '옳지 못한 일'이라고 주장한다.

하지만 제돌이의 방류를 통해 돌고래라는 동물이 주목을 받게 된 탓인지 일부 수족관과 대기업들은 오히려 돌고래 수입을 늘리고 있다. 돌고래 쇼를 생태 설명회라는 이름으로 포장해서 계속하고, 만지기·먹이주기 등 체험행사까지 진행하고 있다. 2014년 10월 임시 개장한 서울 송파구의 제2롯데월드에도 흰고래들이 갇힌 채 전시 목적으로 이용당하고 있다. 수족관들은 아직 국내에 돌고래 수입이나 돌고래들이 살게 될 수조에 대한 기준이 전혀 마련돼 있지 않은 것을 이용해 마구잡이로 돌고래를 수입하고 있다. 정부와 국회가 고래류의 수입·사육·전시에 대한 기준을 만들기 전까지 돌고래들의 고통은 계속 이어질 가능성이 크다.

국내 사육 고래류 현황

수족관명	종류	마리수	원 서식지	비고
거제 씨월드	큰돌고래	8	일본	전시, 체험
	흰고래	3	러시아	전시, 체험
서울 롯데월드 아쿠아리움	흰고래	1	러시아	전시, 공연
울산 고래생태체험관	큰돌고래	4	일본	전시, 공연 ※수족관 번식 1마리
제주 퍼시픽랜드	남방큰돌고래	1	한국	전시, 공연
아쿠아플라넷 여수	흰고래	1	러시아	전시, 연구
아쿠아플라넷 제주	큰돌고래	4	일본	전시, 공연
계 (6개소 22마리)				

(자료 제공: 동물자유연대)

해외에서 쇼에 동원된 돌고래들이 스트레스를 받다 못해 사람에게 공격성을 드러낸 사례가 보고되면서 돌고래 쇼와 전시가 사라지고 있는 것과는 정반대되는 현상이다. 2012년 미국 올랜도에서는 먹이 주기 체험을 하던 어린이가 돌고래에게 팔을 물려 중상을 입었다. 스트레스를 받은 돌고래가 포식자의 본성을 드러내는 사례도 학계에 다수 보고되었다.

제돌이가 방류되기 전인 2012년 한국을 찾아 제돌이를 살펴보기도 했던 제인 구달 박사는 돌고래 연구의 선구자인 로저 페인과 대담한 이야기를 전하며 "돌고래, 고래는 가두어 두면 점점 더 포악해지고 공격적으로 변한다는 사실이 밝혀졌다."고 말했다. 2014년 다시 방한한 구달 박사에게 돌고래를 가둬 두는 것에 대해 질문했더니 "초음파로 대화하는 돌고래에게 좁은 수조는 끊임없이 초음파에 시달려야 하는 소리 지옥이나 다름없어요. 초음파로 대화하는 것을 가장 즐기는 고래인 벨루가(흰고래)는 좁은 공간에 가둬 두면 그때부터 대화를 안 할 정도지요."라고 답했다.

사실 돌고래는 인간에게 호의적일 뿐 바다의 먹이사슬에서는 당당한 포식자의 위치에 선 동물이다. 작은 물고기들을 잡아먹고, 공처럼 던지며 놀잇감으로 삼기도 한다. 자기 종이 아닌 다른 돌고래의 새끼를 장난감처럼 가지고 노는 모습도 보고된 바 있다.

하지만 이런 상황에서가 아니면 돌고래는 적어도 사람에게는 위험한 동물이 아니다. 돌고래가 야생에서 사람을 공격하거나 적대적 행동을 보인 경우는 아직 보고된 적이 없다. 돌고래를 가둬 놓아 스트레스를 받고 있는 상태에서 사람을 공격한 사례가 있을 뿐이다. 돌고래의 고통을 모른 척하는 데다 이런 위험까지 무릅쓰면서 돌고래 쇼를 보고, 비싼 돈을 지불하면서 체험행사까지 할 필요는 없지 않을까?

수족관에 가는 것은 돌고래 살육에 찬성하는 것

한 가지 더. 일본 와카야마현 타이지마을에서 돌고래를 수입한 수족관에 가게 된다면 다시 한 번 생각해 보자. 영화 〈더 코브(The Cove): 슬픈 돌고래의 진실〉을 통해 전 세계에 알려진 일본 타이지마을은 매년 수만 마리의 돌고래를 학살하고, 일부를 외국에 수출해 국제적 비난을 사고 있는 곳이다. 거제씨월드는 타이지마을에서 16마리의 큰돌고래를 사들였고 한화아쿠아플라넷 제주는 6마리, 제주 마린파크는 4마리를 수입했다. 이 숫자를 합치면 2014년 10월 국내에서 전시되고 있는 돌고래 51마리의 절반이 넘는 28마리가 된다. 우리가 지불하는 수족관 입장료가 타이지마을의 돌고래 학살을 부추기는 결과로 이어진다니 한 번만 더 생각해 보면 좋겠다.

책이 출간된 후인 2015년 5월 14일 태산이와 복순이는 고향인 제주도로 돌아갔다. 2014년부터 심리 상태와 건강이 호전되기 시작해 야생의 바다에서 적응 훈련을 받을 수 있게 된 덕분이었다. 태산이와 복순이는 1~2개월 정도 함덕리 정주항의 가두리 양식장에서 적응 훈련 과정을 거친 뒤 2015년 7월 6일, 6년 만에 자유를 되찾았다.

다섯 번째 이야기

아끼고
사랑하기

길을 가다 고양이를 구조하게 된다면 먼저 각오해 둘 것이 있다. 생명을 보살핀다는 것은 그만큼의 노력과 수고스러움을 필요로 하는 일이라는 것이다.

우리 주변에서 고양이를 쉽게 볼 수 있다. ⓒ김기범

새끼 고양이
구조

한여름밤의 고양이 구조 작전

2014년 여름, 서울 광진구의 어느 8차선 도로 길가를 지나다 새끼 고양이가 구슬프게 울어대는 소리를 들은 적이 있다. 어미를 애타게 부르는 것 같은 느낌에 신경이 쓰였지만 어미 고양이가 새끼들을 데리고 한창 이소(離巢: 새의 새끼가 자라 둥지에서 떠나는 일을 비롯해 동물이 보금자리를 옮기는 것)하는 철이라는 생각에 일단은 발걸음을 옮겼다. 가로수 밑 수풀 속에 있어 쉽게 해코지를 당하지도 않을 것 같았다.

그런데 늦은 저녁을 먹고 다시 근처를 지날 때에도 새끼 고양이의 울음소리는 계속되고 있었다. 심상치 않다는 느낌에 일행과 함께 한참을 지켜봤지만 수풀 속의 고양이는 웅크리고 앉아 계속 울어 댈 뿐이었

다. 어미와 함께 이동하다 길을 잃었
거나 어미가 다른 새끼들을 먼저 데리고 간
뒤 다시 데리러 오지 못하는 상황일 수도 있겠다는
생각이 들었다. 8차선 도로 바로 옆이라 녀석이 수풀 밖으
로 잘못 나왔다가는 로드킬의 희생양이 될 수도 있을 것 같았다.

　　같이 저녁을 먹은 사람들 중 한 명이 이미 고양이 한 마리를 집에서
키우고 있었는데 구조하면 집에서 키우겠다고 했다. 이렇게 한밤의 구
조 작전이 시작되었다. 성인 남자 셋이 가로수 밑 수풀 속의 새끼 고양
이를 포위하고, 그중 한 명이 서서히 수풀 속으로 다가가는 모습은 길을
가던 사람들에겐 이상한 광경이었을 것이다. 그러나 작전은 대실패였
다. 고양이는 사람의 손에 닿기 직전 날쌔게 움직여 건물과 건물 틈, 사
람이 들어가기에는 너무 좁은 곳으로 도망가 버렸다. 건물 틈 안에는 사
람들이 버린 쓰레기가 어지러이 널려 있었다. 안쪽에서 울음소리는 들
려 왔지만 어두웠던 탓에 고양이는 보이지 않았다.

　　다음 날 동물보호단체인 카라의 활동가들과 동물원 기사 관련 회
의를 하다가 새끼 길고양이를 구조하려다 실패했다는 이야기가 자연스
럽게 나왔다. "크기가 어느 정도였나요? 발견 장소는 어디였죠? 도망쳐
들어간 곳이 어떤 곳이라고요?" 등 꼼꼼하게 상황을 물어본 활동가들은
모두 안타까운 표정을 지었다. 활동가들은 새끼 고양이가 20센티미터도

안 되는 크기였다는 말에 "아무래도 혼자 살아남기는 힘들 것 같네요."라며 착잡해했다.

카라 전진경 이사는 "경험이 많은 동물보호단체 활동가들에게도 맨손으로 고양이를 잡는 건 힘든 일이에요."라고 설명했다. 이화여대 에코과학부에서 도시 고양이 관련 연구를 하고 있는 길고양이 전문가인 전 이사의 비관적인 말에 전날 밤 느낀 안타까움이 더욱 커지는 듯했다.

차라리 아예 새끼 고양이라면 어미가 나타나지 않을 경우 어렵지 않게 구조할 수 있을지도 모른다. 하지만 어느 정도 자라 새끼 티를 벗고, 혼자 뛰어다닐 수 있는 청소년기에 접어든 고양이들을 사방이 확 트인 야외에서 잡기란 쉽지 않은 일이다. 전 이사는 "카라에서는 주로 구조가 필요한 동물을 포획할 때 포획틀을 설치해 놓고 기다리는 방식을 택할 때가 많아요."라고 설명한다. 맨손으로 잡는 것은 고양이 발톱에 할퀴어 다칠 우려가 높은 데다 포획에 성공할 가능성도 극히 낮은 방식이다.

구조 전 고아 고양이인지 확인은 필수!!

그렇다면 이렇게 펄쩍 뛰어서 달아날 수 있는 청소년묘(猫: 고양이 묘)가 아닌 핏덩이 같은 새끼 고양이가 버려져 있는 것을 발견한다면 어떻게 해야 할까? 가장 중요한 것은 정말 어미로부터 버려진 새끼 고양이인지를 확인하는 것이다. 좋은 의도에서 구조한다고 데려간 것이 실은 어미와 새끼를 생이별시키는 일이 될 수도 있기 때문이다. 새끼 고양이 한 마리가 또는 여러 마리가 사람 눈에 잘 안 띄는 곳에 있다면 어미가 먹이를 구하러 잠시 자리를 비운 것일 가능성이 높다. 또 이동 중에 다른 새끼를 데려다 놓고 오려고 잠시 숨겨 놓은 것일 수도 있다. 어미가 돌볼 때 새끼 고양이의 생존율이 가장 높다는 것을 생각하면 구조 전에 정말 버려진 새끼들인지 아닌지를 신중하게 확인해야 한다. 털이 뭉쳐 있거나 눈이 말라붙어 있는 등 상태가 안 좋아 보인다면 버려졌을 가능성이 높다. 하지만 반대로 건강 상태가 괜찮아 보인다면 어미가 돌보고 있는 새끼 고양이이기 쉽다.

건강 상태가 좋지 않은 새끼 고양이를 구조한다면 우선적으로 인근의 동물병원과 상의하는 것이 바람직하다. 집에 데려가서 먹이만 주고, 배변을 유도하는 것만으로는 길에서 얻은 병이나 영양부족 상태가 나아지기 어려울 수도 있다. 건강이 양호한 새끼 고양이를 보살피는 것에서는 체온 유지와 먹이 주기, 배변 유도가 가장 중요하다. 때마다 젖병에 고양이 전용 분유를 담아 먹여야 하고, 젖을 먹인 지 30분쯤 뒤에는 솜이나 거즈에 물을 묻혀 항문 주변을 문질러 주는 배변 유도도 해 줘야 한다. 말로 듣기에는 간단해 보일 수도 있지만 먹이 주기와 배변 유도는 무척 손이 많이 가는 일이다. 새끼 고양이가 주로 발견되는 봄철에는 아

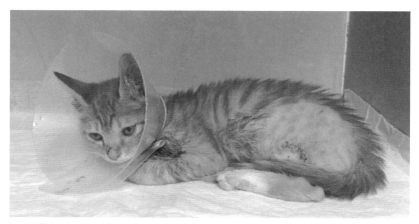
구조된 후 치료를 받고 있는 새끼 고양이 ©카라

직 밤 공기가 쌀쌀할 수도 있으니 수건을 깔고, 따뜻한 물을 담은 물병이나 핫팩으로 체온을 유지하도록 도와주는 것도 중요하다.

 대학교를 다니던 시절 집에서 기르던 자그마한 발바리 '방울이'가 새끼 3마리를 낳은 적이 있다. 그때만 해도 서울에서도 개를 풀어 놓는 집이 많았던 탓에 아무도 모르는 사이 임신을 했던 것이다. 방울이가 젖을 먹일 때마다 지나치게 힘들어하기에 동물병원에 가 보니 워낙 몸집이 작아 젖을 먹일 만한 상태가 아니라는 진찰 결과가 나왔다. 마침 겨울방학이어서 새끼들에게 젖을 먹이고, 배변을 유도하는 등 세 생명을 돌보는 중대한 '유모' 임무를 떠맡았다. 아직 눈도 못 뜬 강아지들에게 젖을 먹이고, 잠시 눕혀 놨다가 물에 젖은 솜으로 항문 부분을 문질러

변을 보게 하는 일을 3~4시간마다 하다 보니 다른 일을 하기가 힘들 지경이었다. 게다가 애끊는 모성애로 새끼들에게 젖을 주려 호시탐탐 새끼들을 담아 놓은 상자만 노리는 방울이까지 감시해야 해서 책 한 장을 읽기도, 텔레비전을 마음놓고 보기도 힘들었다. 3마리는 모두 건강하게 자라 다른 집으로 입양을 갔지만 아직도 그 겨울 손바닥 위에서 바들바들 떨며 젖을 먹던 강아지들의 온기가 잊히지 않는다. 길을 가다 새끼고양이를 구조하게 된다면 먼저 각오해 둘 것이 있다. 생명을 보살핀다는 것은 그만큼의 노력과 수고스러움을 필요로 하는 일이라는 것이다.

새끼 동물을 구하는 것은 도시의 길고양이뿐 아니라 언제, 어느 상황에서든 신중해야 하는 일이다. 앞서 길고양이 경우에서 설명한 것처럼 자칫하면 어미와 새끼를 생이별시키는 일일 수도 있고, 구조하려던 사람이 다치는 일이 발생할 수도 있기 때문이다. 반드시 새끼 동물을 구조해야 하는 상황이라면 일단 동물보호단체나 가까운 야생동물구조센터 등에 상담을 한 후 조치를 취해야 한다. 실제 동물구조는 119 구급대까지 출동해야 할 정도로 손이 많이 가고, 전문성을 필요로 하는 일인 경우가 많다.

길고양이 중성화수술

길고양이 포획 작전

2014년 9월, 일요일이 끝나 가던 저녁 무렵 서울 마포구의 어느 조용한 주택가에서는 덫과 포획 대상이 좋아하는 먹이를 동원한 '포획 작전'이 벌어졌다. 포획 대상에게 먹이와 물을 제공하면서 한 달 이상 친숙해지고, 낯을 익히는 공을 들인 작전이었지만 이 도시 동물은 결코 만만한 녀석이 아니었다. 험난한 서울 생활을 1년 이상 이겨낸 이 노란 동물은 덫에 살짝 들어가 먹이만 채서 나오고, 덫에 들어가려는 다른 도시 동물을 말리는 듯한 행동을 하면서 포획에 나선 이들을 한 시간여 동안 애타게 만들었다.

그러나 녹록지 않은 노란 동물도 다년간 경험을 쌓아온 노련한 포획자들에게는 당해 내지 못했다. 이미 낯을 익혀 놓은 덕분에 포획 대상들이 다른 사람들이 접근할 때와는 달리 도망을 가지 않고, 계속 주변에 남아 있었던 것도 작전 성공의 요인이었다. 하지만 노란 동물이 포획된 가장 큰 원인은 바로 굶주림이었다. 덫 안에 들어 있는 먹이를 찔끔찔금 빼먹는 것에 감질난 이 동물은 결국 먹이를 양껏 먹으려다 덫 안의 발판을 밟았고, 덫에 갇히고 만 것이다. 노란 동물에 앞서 잡힌 삼색 동물은 덫에 갇힌 것도 모르고, 허겁지겁 먹이를 먹기도 했다. 열악한 환경으로 인한 굶주림이 두려움을 잊게 만든 셈이었다.

길고양이를 포획하고 있다. ⓒ김기범

귀 잘린 고양이를 보신 적이 있나요?

글을 읽으면서 쉽게 짐작할 수 있듯 노란 동물과 삼색 동물은 각각 노란 털무늬와 삼색 털무늬의 길고양이를 가리킨 것이고, 포획자들은 동물보호단체 카라의 활동가들이다. 흔히 TNR이라 부르는 중성화 수술을 시켜 주기 위해 이 주택가의 길고양이들을 포획하려는 것이었는데 사진에서 보는 것과 같은 덫을 설치하고 한 시간이 넘게 기다린 끝에 고양이들을 포획하는 데 성공했다. 한 마리는 흔히 고양이 애호가들이 색깔 때문에 치즈태비라 부르는 수컷이었고, 다른 한 마리는 삼색이라고 부르는 암컷이었다. 고양이의 암수는 자세히 보지 않으면 구분하기 어려울 때가 많은데 삼색 고양이만은 예외다. 얼룩무늬를 이루는 털 색깔이 세 가지 색인 고양이는 모두 암컷이기 때문이다. 이런 현상은 유전자의 변이로 나타나는데 일본에서는 아예 흰색, 검은색, 갈색 털이 섞인 고양이를 미케(みけ[三毛])라고 부르기도 한다. 미케는 한국에서 고양이를 야옹이, 나비라고 부르는 것처럼 일본에서 매우 널리 쓰이는 고양이 이름 중 하나다.

영악하게 굴긴 했지만 결국 잡히고 말았던 치즈태비와 삼색이는 카라 동물병원에서 중성화수술을 받고, 5일 정도 건강 상태 확인을 거쳐 다시 포획된 장소에 방사됐다. 동물보호단체들은 수술을 받은 고양이들이 건강한지 여부 말고도 먹이를 잘 먹는지 확인해서 풀어 주는데 고양

나는
중성고양이
라네~

중성화수술 후 귀가 잘린 모습 ©카라

이들이 원래 살던 장소에 풀어 주는 것은 반드시 지켜야 하는 원칙으로 꼽힌다. 수술 후 아무 데나 풀어 줬다간 이리저리 떠돌다가 적응하지 못하고 죽을 위험이 높기 때문이다. 원래 친한 사이였던 치즈태비와 삼색이는 이후에도 그 주택가에서 사이좋게 지내고 있다고 한다.

　그런데 치즈태비와 삼색이는 수술 이후 달라진 점이 하나 있다. 바로 중성화수술을 했다는 의미로 귀 끝이 0.9센티미터 정도 잘렸다는 것이다. 불쌍하다는 생각이 들 수도 있지만 아무 표시도 남겨 놓지 않으면 다른 동물보호단체나 구청, 시청에서 또 포획할 수도 있기에 결국 어쩔 수 없이 육안으로 구분이 가능하도록 귀를 자르는 것이다.

중성화수술을 하는 이유

길고양이의 삶은 힘들다. 길고양이의 평균수명은 집고양이의 평균 수명 15년보다 극히 짧은 2년에 불과하다. 늘 교통사고를 당할 위험이 있고, 겨울에 얼어 죽거나 먹이를 찾지 못해 죽거나 사람들의 학대로 죽는 등 다양한 위험에 노출되어 있기 때문이다. 고양이를 좋아하는 입장에서 보면 "이렇게 힘들게 살아가는 동물들에게 먹이나 물을 주는 것이 그렇게 맘에 안 들까요?"라는 하소연이 나올 만하다. 길고양이들은 1년에 평균 1회 이상 출산을 하고, 3마리 정도씩 새끼를 낳는데 봄철에 새끼를 낳는 경우가 대부분이다. 4~5월에는 도시 곳곳마다 아기 고양이가, 6~8월에는 아직 다 자라지 못한 고양이, 즉 성묘가 못 된 청소년 단계의 고양이가 눈에 많이 띄는 이유다.

날씨가 추워지면 덜 자란 새끼들이 따뜻한 곳을 찾아 자동차 보닛 속으로 들어가는 일도 많다. 들어가서 몸을 녹인 후 다시 나오면 다행이지만 그 안에서 죽은 채 발견되는 일이 겨울에는 흔하게 일어난다. 동물보호단체 활동가들이 확인한 바로는 서울에 있는 카센터의 경우 거의 매주 보닛에 들어간 고양이를 꺼내려고 차를 뜯는다고 한다.

앞서 언급했던 동물보호단체나 시청, 구청에서 중성화수술을 실시하고 있는 이유가 바로 여기에 있다. 이렇게 고통스럽게 살아가는 길고양이의 개체 수를 줄이기 위해, 그리고 주민들의 민원을 해소하기 위해 대도시를 중심으로 지방자치단체들과 동물보호단체들이 협력해서 중성화수술을 실시하고 있는 것이다. 무조건 잡아 가뒀다가 안락사하는 정책에서 죽이지 않고 공존을 모색하는 'No Kill Policy(죽이지 않는 정책)'으로 발전한 것이니 다행스러운 일이라 할 수 있다. 중성화수술(TNR)은 고양이를 안전하게 포획해(Trap) 중성화수술을 한 뒤 귀에 표식을 남겨 (Neuter and ear tipping) 원래 살던 곳에 방사하는(Return) 방식을 말한다.

마포구 주택가의 포획 작전에 나섰던 카라의 활동가들은 수백 마리에 이르는 길고양이를 포획해 중성화수술을 한 후 다시 풀어 준 베테랑이었다. 이들이 말하는 중성화수술의 다른 장점은 수술을 받은 고양이

추울 때 자동차 엔진룸에 숨어들었던 아기 고양이. 잠실에서 구조해서 입양 보냈다. ©카라

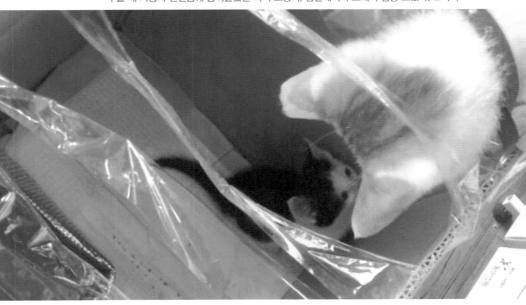

들이 이전보다 건강해진다는 점이다. 수술 자체가 고양이 몸에 좋은 것이 아니라 번식의 스트레스에서 벗어나면서 한결 건강 상태가 좋아진다는 이야기다. 실제 중성화수술을 받은 개체들은 대부분 살이 오르고, 다른 개체들과도 잘 어울린다. 번식을 통한 종의 유지가 동물에게는 가장 중요한 지상명령, 즉 언제 어느 조건에서나 반드시 실행해야 할 의무이다. 환경부 국립환경과학원은 4대강사업으로 파괴된 낙동강에서 발견된 물고기의 폐사 원인 중 하나로 댐과 비슷한 크기의 거대한 보(洑: 물을 저장하기 위해 쌓아둔 둑)로 인해 번식에 적당한 장소를 찾지 못한 스트레스를 꼽기도 했다.

중성화수술은 인도적으로 고양이 수를 줄이는 방법으로 이미 해외에서는 여러 곳에서 효과가 검증된 바 있다. 동물보호단체 카라가 발간한 『길고양이 보호를 위한 핸드북』에 따르면 미국 플로리다대학교에서 1991년부터 2002년까지 11년 동안 실시된 실험에서는 1995년부터 새끼 고양이가 발견되지 않았으며 개체 수가 66퍼센트 줄어들었다. 샌프란시스코와 샌디에이고 등에서도 개체 수가 줄어드는 효과가 확인됐다. 현재 국내에서는 서울시와 경기도의 지자체들, 대전을 비롯해 전국의 주요 도시들에서 중성화수술을 실시하고 있다.

중성화수술은 고양이가 내는 소음을 줄이는 것에도 확실한 해결책이 된다. 고양이가 밤 늦게 내는 울음소리는 발정기에 내는 소리이기 때문에 중성화수술을 하고 나면 완전히 사라지게 된다. 고양이끼리의 싸

움으로 인한 소음은 영역 다툼을 하는 것이므로 개체 수가 줄어들면 역시 사라지게 된다.

고양이 보호정책

국내에도 적극적인 고양이 보호정책이 효과를 본 사례도 있다. 서울 강동구의 경우는 구청 차원에서 길고양이 보호를 위해 주민센터 앞에 고양이 먹이를 주는 급식소를 설치하면서 "고양이를 잡아가라."는 민원이 거의 사라졌다. 고양이들이 정해진 장소 주변에서 많이 활동하게 된 덕분이다. 실제로 '고양이 급식소' 주변에는 먹이를 먹고 태연히 낮잠을 자거나 그루밍(털고르기)을 하는 고양이들을 쉽게 볼 수 있다고 한다. 한국 길고양이 특유의 사람에 대한 경계심이 많이 줄어들면서 사람들이 지나다녀도 별로 신경 쓰지 않는 고양이가 많아졌다. 가까운 일본이나 동남아시아 나라들을 가면 길고양이들이 사람을 거의 무서워하지 않고, 자기 할 일에만 열중하는 모습을 볼 수 있다. 일본 도쿄에서 본 가장 인상적이었던 고양이는 휴일 오후 수많은 사람들이 지나다니는 도심의 우에노공원 한복판에서 천연덕스럽게 낮잠을 자는 고양이였다. 한국 길고양이들이 사람만 보면 금방 달아나고, 차 밑이나 건물 틈새에 숨는 것이 선천적인 것이 아니라 후천적으로 학습된 것이라는 사실이 떠오르면서 씁쓸했던 기억이 난다.

고통받는 고양이들을 줄이려면……

물론 중성화수술이 고양이 입장에서 보면 달가운 일은 아니다. 어떤 동물이든 자신의 종족이 끊기지 않고 이어지도록 번식하려는 본능이 있는데 그 자연스러운 생리를 강제로 방해하는 것이니 말이다. 집고양이들과는 달리 짧은 회복기간을 거쳐 길이나 산에 방사되는 고양이들이 수술 후유증이나 체력 문제로 죽어 가는 경우도 많다.

중성화수술을 버텨 낼 만한 체력이 없는 고양이를 잡아다가 수술을 하는 바람에 죽는 경우도 있고, 원래 데려온 곳에 풀어 주지 않고 아무 산에나 풀어 주는 탓에 적응하지 못하는 경우도 많다. 사람들 편의에 따라 하는 수술이 고양이에게는 목숨이 달린 문제가 되기도 한다.

고양이를 아끼는 사람들 중에도 중성화수술에 거부감을 표시하는 경우가 많다. 자연스럽게 살지 못하도록 강제로 하는 수술이라는 점과 고양이가 수술 후 힘들어한다는 이유에서다. 실제로 중성화수술을 받은 후 고양이는 많이 힘들어한다. 친구의 사정으로 두세 달 정도 '임시 보호'를 했던 고양이의 경우도 동물병원에서 중성화수술을 받았는데 수술을 받기 전과 후가 확연히 달랐다. 지친 모습으로 누워만 있는 고양이의 모습은 안쓰러워 보였고, 집에서 보살핌을 받는 고양이도 이렇게 힘든데 길로 다시 돌아가야 하는 녀석들은 어떨까 걱정이 되기도 했다.

하지만 많은 길고양이들이 현재 사람들과 함께 도시에서 살아가고 있고, 앞으로도 많은 고양이들이 길고양이라는 힘든 운명을 견뎌 내야 한다는 것을 잊어서는 안 된다. 고양이들의 고통에 눈감지 않고 그들을 위한 무언가를 하려 한다면 가장 현실적인 방법은 고양이들의 수를 줄이는 길일 것이다. 그렇다면 최소한 수가 줄어들도록 하는 중성화수술은 현재로선 유일한 대안일지도 모른다. 더 이상 고통받을 운명의 새끼 고양이들이 태어나지 않도록 말이다.

반려동물을
생각하다

길고양이 vs 도둑고양이

"도둑고양이가 밤에 아기 소리 내면서 우는 게 정말 듣기 싫어요.
음식물 쓰레기도 막 파헤쳐 놓고요."

"저는 개는 좋지만 고양이는 싫어요. 사람을 잘 안 따르고, 주인도
몰라본다고 하잖아요."

서울은 물론 도시 어디서나 쉽게 볼 수 있는 고양이들에 대한 반응
은 아직까지 대체로 차가운 편이다. 고양이를 키우는 이들이 많아지면
서 예전에 비해 호감을 보이고, 불쌍하게 여기는 이들도 많이 늘어났지
만 여전히 고양이를 싫어하는 이들도 많다. 첫 번째 반응 같은 경우는
그나마 싫어할 만한 이유라도 있는 것이라 해결책을 찾거나 설득하는

것이 가능할 수 있지만 별다른 이유없이 싫어하는 이들의 생각을 바꾸는 것은 쉽지 않다.

길고양이 ©김기범

두 번째 반응도 내 경험에 빗대어 보면 오해일 가능성이 높다. 지인의 사정으로 두세 달 정도 임시 보호했던 고양이는 수년이 지난 지금도 나를 기억하는 것으로 보이기 때문이다. 녀석은 다른 사람들이 지인의 집에 찾아가면 일단 숨고 보는데 내가 가면 아무렇지도 않게 제 할 일을 하고, 때로는 무릎 위로 펄쩍 뛰어 올라와 주기도 한다.

흔히 도둑고양이라 불리는 '길고양이'를 보살피려는 이들이 가장 많이 생각해야 할 부분도 고양이 자체보다는 길고양이가 사는 곳에 함께 살고 있는 사람들과의 관계인 경우가 많다. 동네 고양이들에게 먹이와 물을 주며 보살피는 이들을 일명 '캣맘'이라 부르는데 해당 지역의 주민들과 캣맘 사이에 갈등이 빚어지는 사례도 종종 있다. 일부 지역에서는 고양이에게 먹이를 주니까 고양이가 늘어나면서 밤에 시끄럽고, 쓰레기통을 뒤지는 일이 많아진다며 주민들이 캣맘을 폭행하거나 욕을 하며 위협하는 일까지 일어나고 있다.

길고양이가 늘어난 건 사람의 책임

하지만 길고양이가 늘어난 원인은 전적으로 사람에게 있다. 사람들이 기르다가 무책임하게 버린 고양이들이 번식을 하면서 늘어났기 때문이다. 고양이를 기르는 이들이 늘어나면서 동시에 고양이를 아무렇게 버리는 이들도 늘어난 것이다. 예전에도 도시에 고양이들이 없었던 것은 아니지만 보통 풀어놓고 기르던 개들에 비하면 극히 적은 숫자였다. 적어도 지금처럼 어디서나 흔하게 고양이를 볼 수 있을 정도는 아니었다.

도시에 음식점이 늘어나고, 고양이 먹이가 될 만한 음식물 쓰레기가 증가한 것도 길고양이 개체 수를 늘린 원인 중 하나다. 길고양이뿐 아니라 야생동물의 경우도 먹이의 증가는 개체 수 증가로 이어질 가능성이 높다. 그런데 음식물 쓰레기는 길고양이의 건강을 갉아먹어 수명을 줄이는 원인이 되기도 한다. 사람이 먹는 음식은 염분이 많이 들어

이 길고양이는 발견 당시 눈병이 있었고, 영양부족으로 다리가 휘어 있었다.
교통사고를 당한 흔적도 있었다. ⓒ카라

있어서 고양이가 먹으면 신장이 망가진다. 동물보호단체 활동가들과 수의사들은 길고양이 중에 신장이 튼튼한 개체를 찾아보기 어렵다고 말할 정도다. 깨끗한 물이라도 충분히 먹을 수 있다면 그나마 신장이 덜 상할 텐데 길고양이들 중에 깨끗한 물을 안정적으로 먹을 수 있는 경우는 드물 수밖에 없다.

작정하고 버린 것은 아니지만 제대로 관리를 하지 않은 탓에 집고양이가 길고양이가 되는 사례도 많다. 잠깐 문이나 창문을 열어 놓은 사이 호기심을 못 이긴 고양이들이 밖으로 뛰쳐나갔다가 다시 집으로 돌아오지 못하는 경우가 종종 발생한다고 한다. 그리고 사람 손을 탄 고양이들은 아무래도 도시 길바닥의 삶에 적응하기 어렵다. 고양이에게도 살던 곳으로 돌아오는 귀소본능이 없는 것은 아니지만 개의 경우처럼 먼 거리를 찾아오는 능력은 부족한 것으로 알려져 있다.

유기견은 더 말할 필요도 없이 전적으로 사람 책임이다. 개를 기르는 사람이 많은 만큼 버려지는 개들의 수도 많다. 1년간 버려지는 반려동물의 수는 10만 마리에 달하는데, 통계에 잡히지 않은 동물들도 있을 것을 감안하면 그보다 많은 동물들이 무책임한 주인들 때문에 버려지고 있을 것이다. 농림축산검역본부가 집계한 통계에서 2013년 버려진 동물은 약 97,000마리, 2012년 약 99,000마리, 2011년 약 96,000마리였다. 2013년의 경우 개가 약 62,000마리로 가장 많았고, 고양이가 약 34,000마리, 토끼·햄스터·이구아나·뱀 등이 약 1,000마리였다.

특히 여름 휴가철이 되면 버려지는 동물은 크게 증가한다. 동해안에 사람이 몰리는 7~8월이 되면 강릉, 동해 등 강원 영동 지역 지자체에서 버려진 채 발견되는 동물의 수가 다른 때의 2~3배로 늘어난다. 휴가지에 가서 개나 고양이를 사람이 잘 다니지 않는 곳의 기둥에 묶어 두고 도망가거나 동물병원에 맡기고 찾으로 오지 않는 이들이 많다는 것인데, 버려지는 동물의 상당수가 나이가 많거나 병을 앓고 있는 경우가 많다고 한다.

애완과 반려의 차이

이런 통계를 접할 때마다 '애완동물'과 '반려동물'이라는 단어의 의미를 생각하게 된다. 국립국어원의 표준국어대사전에서 '애완(愛玩)'의 뜻은 '동물이나 물품 따위를 좋아하여 가까이 두고 귀여워하거나 즐김'이다. 사랑하고 아끼는 마음이 담겨 있지 않은 것은 아니지만 개나 고양이를 살아 있는 생명체로 존중한다기보다는 자신의 즐거움을 위해 기른다는 의미에 가깝다고 할 수 있다. 반면 '반려(伴侶)'라는 단어는 '짝이 되는 동무'라는 뜻으로 평생을 같이 하는 배우자에게 주로 사용되는 단어

버려진 개를 동물보호소에서 보호하고 있다. ⓒⓘ Nhandler

다. 동물을 친구의 순우리말인 동무처럼 여긴다는 것이라고 생각하면 애완동물과 반려동물이라는 두 글자 차이 단어 사이에 얼마나 큰 차이가 있는지를 짐작할 수 있을 것이다. 개나 고양이를 평생 같이할 동무로 생각한다면 아무렇지도 않은 듯 길에 버리고, 산에 두고 내려오지는 못하지 않을까?

이렇게 버려진 동물들은 대체로 비참한 운명을 맞이한다. 2014년 기준 농림축산검역본부의 통계를 보면 버려진 동물 중 절반이 넘는 약 51,000마리는 안락사되거나 자연사했다.

다른 사람에게 분양된 동물은 28.1퍼센트인 약 27,000마리, 원래 주인에게 돌아간 경우는 10.3퍼센트인 약 10,000마리이다. 중성화수술을 한 뒤 길에 놓아주거나 토끼 등을 산에 방사하는 경우도 10,000마리 정도이다.

병약한 상태이거나 심하게 다친 동물을 안락사시키는 경우도 많지만 해당 지역의 동물보호센터에서 보호할 여력이 없는 경우에 안락사되는 경우도 많다. 많은 동물보호센터들이 14일 정도만 유기동물을 보호하고 있다가 주인이 찾으러 오지 않거나 다른 이에게 분양되지 않을 경우 안락사하고 있다. 공간이 없고, 예산이 없다는 사람들의 형편 때문에 더 살 수 있는 개나 고양이들이 지금 이 순간도 차가운 철창 안에서 죽을 날만을 기다리고 있는 셈이다.

개는 언제부터 사람들과 함께 살게 되었을까?

야생의 맹수인 늑대가 사람에게 길들여져 개로 변화한 것이 언제인지, 어디서인지는 아직까지 정확하게 밝혀지지 않았다. 최근 발표된 학설은 수렵채집생활을 하던 유럽 지역의 거주자들이 처음 길들였다는 것이다. 미국 로스앤젤레스 캘리포니아대학(UCLA) 연구진이 2013년 발표한 논문에서는 32,000년 전부터 18,000년 전 사이 유럽에서 개가 처음으로 가축화되었다는 내용이 제시됐다. 연구진이 밝힌 늑대가 가축이 된 계기는 사람이 사냥한 매머드 등 큰 동물의 잔해를 먹고살던 늑대들이 사람에 대한 경계심이 줄어들면서 길들여졌다는 것이다.

하지만 2011년에는 중국 양쯔강 남부에서 처음 늑대를 개로 길들였다는 연구 결과가 나온 적도 있다. 학계에서도 의견이 분분한 만큼 늑대가 개라는 새로운 동물이 된 것이 언제, 어디서인지를 밝혀내기까지는 아직 오랜 시간이 걸릴 것으로 보인다.

개가 늑대로부터 진화한 것과 반대로 사람에게 버려진 개들이 떼로 몰려다니는 들개 무리를 이루면서 늑대 시절의 본성을 드러내는 경우도 많다. 최근 국내 여러 지역에서는 산에 버려진 반려견들의 수가 늘어나면서 떼를 이루고, 사나운 들개처럼 변하는 일이 종종 보고되고 있다. 유기견들이 들개 떼가 되어 사람을 위협할 지경까지 됐으니 무책임한 사람들에 대한 개들의 역습이라 할 수 있다. 이런 사례는 조선시대의 기록에도 남아 있다.『패관잡기(稗官雜記)』에는 조선 중종 때 돈의문(서대

문·사대문 중 하나로 경희궁 앞 신문로에 있던 문. 1915년 헐려서 사라졌다.) 밖 인가에서 키우던 개들이 산에 올라가 떼를 지어 다니며 사람을 습격했다는 내용이 담겨 있다.

처음 길들여진 고양이는 숭배의 대상

고양이가 사람들과 어울려 살기 시작한 것은 약 10,000년 전으로 거슬러 올라간다. 주로 아프리카와 남유럽, 인도 등에 서식하는 리비아살쾡이, 또는 리비아고양이라 불리는 야생 고양이가 이집트 사람들에게 길들여진 것이 시초라는 것이다. 당시 이집트인들은 곡식을 쥐로부터 지키기 위해 고양이를 길렀고, 고양이 머리를 한 여신 '바스테트'의 화신으로 숭배하기도 했다. 서양에서 검은고양이를 마녀의 부하로 생각해 불길하게 생각한 것이나 18세기 프랑스에서 고양이만도 못한 대접을 받던 인쇄소 노동자들이 분풀이로 고양이를 잡아 죽였던 것과는 사뭇 다른 대접이었다. 프랑스 인쇄공들의 고양이 학살은 『고양이 대학살─프랑스 문화사 속의 다른 이야기들』이라는 제목의 프랑스 역사를 미시사적(微視史的)으로 다룬 책에 자세히 담겨 있다. 미시사는 정치, 경제, 외교, 전쟁 등으로 대표되는 거시적인 역사에 대비되는 개념으로 왕족이나 정치가가 아닌 평범한 사람들의 일상적인 삶의 모습을 밝혀냄으로써 당시의 모습을 연구하려는 방법론을 말한다.

　고양이가 동아시아에 건너온 것에 대해 중국 명나라 때의 약학서인 본초강목은 중국 한나라 때 서역(인도)으로 가는 길을 개척한 장건이 가져온 것이라고 기록하고 있다. 본초강목에는 고양이가 중국에 전해진 경로로 당나라 때 서역에 다녀와 많은 불경을 번역한 현장(삼장법사의 다른 이름)이 불경을 갉아먹는 쥐를 잡기 위해 고양이를 데려왔다는 내용도 담겨 있다. 학계에서는 고양이가 2,000여 년 전인 한나라 때보다 앞서 동아시아에 건너왔을 것으로 보고 있다.

　『조선왕조실록』에는 집에서 고양이를 기른 것에 대한 기록이 다수 포함되어 있는데 중종, 명종, 효종, 숙종 등 여러 실록에 집에서 기르는 고양이가 기형의 새끼를 낳은 내용이 포함되어 있다. 또 숙종 19년 울릉도에 고양이가 많았다는 기록도 남아 있다.

인간과 동물 이야기를 마치며

그들의 고통에
눈감지 말자

만 2년 동안 전국 곳곳으로 다양한 동물을 만나러 다니면서 가장 많이 본 것은 그 동물의 흔적이었다. 돌고래나 점박이물범 같은 해양 포유류, 일부 조류를 제외하곤 거의 모든 동물 취재에서 볼 수 있었던 것은 배설물과 발자국이 거의 전부였다. 산양 가족이 화장실로 쓰면서 동글동글한 배설물이 잔뜩 쌓여 있는 장소, 멧돼지가 나무에 몸을 부비고 간 자국, 멧돼지 가족이 즐겨 목욕을 하는 작은 연못을 보는 것만도 감지덕지해야 했다. 큰비가 내리면서 수달 배설물을 비롯한 동물 흔적이 다 떠내려가 버리는 바람에 미리 연구자들이나 환경단체가 설치해 놓은 무인카메라의 영상으로 만족해야만 하는 경우도 많았기 때문이다.

이렇게 동물 흔적만을 볼 수밖에 없었던 것은 역설적으로 동물원,

수족관이 얼마나 비정상적인 공간인지 말해 주지 않나 싶다. 따지고 보면 동물들을 만나러 갔을 때 쉽게, 바로, 편하게 그 모습을 보고, 관찰하고, 사진까지 찍을 수 있던 동물의 대부분은 갇혀 있는 상태였다. 소백산국립공원 옆 종복원기술원에서 보호하고 있는 여우들 중 낯선 사람이 있는데도 태연히 계류장 안을 돌아다니던 여우는 서울대공원에서 오랜 기간 사람들에게 '관람'당하는 것에 익숙해진 개체였다. 야생의 정상적인 여우, 즉 길들여지지 않은 여우라면 사람이 쳐다보는데 태연할 수 있을 리가 없지 않을까?

동물원 우리 속에서 끊임없이 무의미한 행동을 반복했던 늑대나 수족관에서 쇼에 동원되는 돌고래들, 더 나아가 공장식 축산 방식으로 사육되는 소와 돼지, 닭은 더 말할 필요도 없을 것이다. 오랑우탄 이야기에서 언급했던 영화 〈혹성탈출〉에서 고통스러운 실험을 겪다 못해 인간을 증오하게 된 침팬지 코바처럼 동물실험에 동원되는 동물들 역시 마찬가지다.

야생동물이 남긴 흔적을 보는 자연스러움 대신 갇혀 있는 동물들의 부자연스러운 모습을 보면서 항상 안타까움을 느꼈지만 가장 크게 마음이 움직였던 것은 사육곰과 흰고래(벨루가)를 봤을 때였다. 경기도의 한 농가에서 커다란 덩치로 오물과 진흙탕 위에 앉아 멍하니 앞쪽을 바라보기만 하던 반달가슴곰들의 모습은 마음속에 커다란 의문을 품게 했다. "이 곰들은 왜 여기서 이렇게 고통을 당해야 하는가?", "다른 생물들을 이처럼 필요 이상으로 고통스럽게 만들어도 괜찮은 것인가?" 하는 질문이었다.

거제씨월드의 흰고래(벨루가)들은 지켜보는 내내 위아래, 수직 방향으로만 움직이고 있었다. 주변의 큰돌고래들처럼 앞쪽으로 뛰어올랐다가 잠수하기를 반복하며 이동하는 모습은 찾아볼 수 없었다. 원래는 북극해를 비롯한 지구 북쪽 끝의 차갑고 넓은 바다를 누벼야 했을 벨루가들은 몸을 눕힐 수조차 없는 독방에 갇혀 고문당하는 죄수들처럼 보였다.

물론 이렇게 동물들이 갇혀 있는 상태가 비정상적인 것이고, 동물들의 고통이 크다 해도 모든 동물원과 수족관, 모든 공장식 축산 농장, 모든 실험시설들을 한꺼번에 없애는 것은 가능한 일도 아닐 뿐더러 현명한 일도 아닐 수 있다. 2014년 11월 충남 서천 국립생태원을 방문한 '침팬지의 어머니' 제인 구달 박사도 "동물 입장에서 생각할 때 동물원은 나쁜 공간이 아닌가요?" 하는 한 어린이의 질문에 이렇게 답했다. "모든 동물이 다 그런 것은 아니지만 적절한 환경이 주어지고, 동료들과 같이 있을 수 있도록 한다면 동물원이 꼭 나쁜 곳만은 아닐 수 있습니다." 해당 동물이 동물원이나 수족관에 갇혀 있지만, 고통스럽다고 느끼지는 않고 그 동물의 본성에 맞게 잘 구성되어 있다면 동물원과 수족관을 무조건 '악'으로 규정할 필요는 없다는 이야기가 아닐까 하고 생각한다. 동물원, 수족관이 지나치게 빠른 생물종 멸종이 이뤄지는 현대에 있어 종

보존과 증식 기능을 담당하게 되는 것. 역시 현실적인 문제이기도 하다.

그럼에도 부정할 수 없는 것은 동물을 가둬 놓고 고통을 주는 것은 비정상적인 상황이라는 것이다. 백번 양보해서 의학이나 과학의 발전을 위해, 화학물질의 유독성을 확인하기 위해 부득이하게 동물에게 고통을 줘야 한다면 그만큼 인간이나 다른 동물들이 얻을 수 있는 충분한 무언가가 있어야 하지 않을까. 고통을 최소화해야 함은 물론이다. 하지만 한국 사회는 동물의 고통에 너무 심하리만큼 무관심하다. 동물에게 고통을 주거나 죽일 때 왜 그래야 하는지 설명하는 절차조차 제대로 마련돼 있지 않다. 타인에게 무관심하고, 다른 사람들의 고통을 아무렇지도 않게 여기는 사회 분위기와 너무나 똑같다는 점은 두려움까지 느끼게 하는 부분이다.

앞서 언급한 제인 구달 박사가 동물원에 대한 질문에 덧붙인 이야기가 있다. "하지만 동물원에 절대로 가두면 안 되는 동물들이 있어요. 코끼리, 돌고래, 고래 등입니다. 고래 연구의 권위자인 로저 페인 박사에 따르면 돌고래들은 오래 가둬 둘수록 점점 더 포악해진다고 해요. 돌고래를 수조에 가두는 것은 소리지옥에 가두는 것과 마찬가지기도 해요. 돌고래들이 서로 대화하기 위해 사용하는 초음파가 좁은 공간에서 끊임없이 울리면서 돌고래들을 고통스럽게 하는 것이지요. 고래들 중에서도 벨루가가 가장 대화를 많이 하는데 이 돌고래들은 가둬 두면 아예 말을 안 할 정도예요."

이제 마지막으로 이 책을 끝까지 읽어 준 분들에게 질문을 하나 던지고 싶다. 수족관에 갇힌 돌고래들을 보러 가는 것은 양심의 가책을 느끼지 않아도 되는 일일까?

만약 독자들이 이 책을 읽고 누군가의 고통을 지켜보는 것은, 그 대상이 사람이 아니라 동물이라 해도 괴롭고 불편한 일이라고 생각하게 되었다면 글을 쓴 이로서 그것은 무엇보다 큰 기쁨이다. 동물들의 고통을 덜어 주는 길은 멀리 있지 않다. 다른 생물의 고통에 눈감는 것을 거부하는 작은 실천 속에 있을 것이라는 생각을 전하며 글을 맺는다.

알면 사랑한다

2013년 7월 18일 서울대공원에서 돌고래 쇼를 하던 제돌이가 무려 4년이 넘는 억류 생활을 끝내고 고향 제주 바다의 품으로 돌아갔다. 우리가 애써 잡은 야생동물을 정중하게 그의 고향으로 되돌려 보내는 건 우리 역사를 통틀어 그야말로 '단군 이래 최초'였다. 어쩌다 '제돌이 야생방류를 위한 시민위원회'의 위원장을 맡았던 나는 그날 방류 행사에서 한 기념사에서 이런 말을 했다.

"야생동물과 인간의 갑을관계가 재정립되는 순간입니다. 매일 100킬로미터 이상 바다 물살을 가르는 동물을 길이 30미터도 안 되는 수조에 가두고, 돈을 내고 들여왔으니 호루라기 소리에 맞춰 묘기를 부리라고 하는 시대는 이제 지나갔습니다. 제돌이를 만나려면 이제 우리가 그가 사는 이곳까지 와야 합니다. 애써 먼 길을 달려왔는데도 보지 못했다고 탓할 수 없습니다. 또 와야 합니다. 몇 차례씩 와서 드디어 만나면 그걸 감지덕지 기뻐해야 합니다. 이제 제돌이가 갑이고 우리가 을입니다."

나는 "알면 사랑한다."라는 말을 좌우명처럼 받들고 산다. 알아야 사랑할 수 있고, 사랑하게 되면 행동하게 된다. 선의의 '납치' 사건과 독수리에 대한 오해 이야기를 통해 이 책의 저자 역시 먼저 우리가 자연에 대해 충분히 알아야 한다는 것을 강조한다. 자연에 관해서는 참으로 많은 헛소문들이 돌아다닌다. 그만큼 우리가 자연에 대해 아는 게 적다는 이야기이다. 생물다양성 분야의 세계적인 대가 에드워드 윌슨(Edward O. Wilson) 교수는 세상에서 가장 복잡한 시스템으로 인간의 두뇌와 자연 생태계를 꼽는다. 인간의 두뇌와 마찬가지로 자연 생태계에 대해서 우리는 이제 겨우 겉핥기를 시작했을 뿐이다. 2013년 충남 서천에 건립된, 내가 초대 원장 일을 맡고 있는 국립생태원이 바로 이런 일을 하는 곳이다. 자연 생태계에 관한 보다 깊고 폭 넓은 연구가 그 어떤 구호보다 환경 보호에 확실하게 기여할 것이다.

　우리 국립생태원은 '세 마리 토끼'를 좇고 있다. 연구, 교육, 전시가 그 세 마리 토끼이다. 평생 학자로 살아온 나는 당연히 연구를 가장 중요하게 이야기하고 있지만 우리가 하는 연구의 결과가 일반 대중에게 신속하게 알려지지 않으면 효과적인 보전을 기대하기 어렵다. 자연 생태계에 관한 연구 결과를 알리는 데 가장 효율적인 방법 중의 하나는 뭐니 뭐니 해도 보다 많은 사람들이 읽을 수 있는 대중과학서를 펴내는 일이다. 『독수리는 왜 까치에게 쫓겨다닐까?』가 그런 역할을 훌륭하게 해 주리라 믿는다. 보다 많은 이들이 이 책을 읽고 이 지구 생태계를 우리 인간과 다른 동물이 공유하는 아름다운 곳으로 만들어 주기를 기대한다.

최재천 (전 국립생태원 원장, 생명다양성재단 대표)

동물의 입장에서
바라보다

날씨가 좋은 날 북한산국립공원에 올라 보면 지금 서울의 대부분 지역이 과거에는 산이었다는 것을 알 수 있다. 비봉능선에서 남쪽을 볼 때 동쪽부터 서쪽 방향으로 북악산, 인왕산, 안산(무악산), 백련산으로 이어지는 산들과 삼각산(북한산의 옛 이름) 및 도봉산은 원래 하나의 생태계였다. 주택가와 도로, 상가가 야금야금 침범해 들어와 손과 발, 팔과 다리가 잘린 모양새가 됐지만, 4대문 북쪽의 이 산들은 100년 전만 하더라도 호랑이와 멧돼지의 영역이었다. 싸움의 상대가 되지 않는다는 뜻의 '인왕산 호랑이가 목멱산(남산) 삽살개 어르듯 한다.'는 표현이 이를 단적으로 말해 준다.

경향신문 김기범 기자의 『독수리는 왜 까치에게 쫓겨다닐까?』는 저자가 취재 현장에서 만난 야생동물들의 생태, 습관과 그들이 당하는 수난에 대한 애정 어린 기록이다. 저자는 우리가 야생동물에 대해 흔히 갖고 있는 오해, 그리고 상식의 허실을 먼저 파헤친다. 덩치가 큰 독수리는 생태계에서 사냥꾼이 아니라 청소부의 지위를 갖는다는 것, 따라서 독수리는 하늘의 제왕이 아니라는 것, 생존 전략으로서 사체를 먹는 것과 사냥을 하는 것 사이에 우열을 따질 수 없다는 것, 따라서 독수리가 사냥을 하는 다른 맹금류에 비해 열등한 존재는 아니라는 것 등을 그는 설득력 있게 제시한다.

우리가 습지 생태계를 파괴한다고 매도하는 외래종 뉴트리아에 대해서도 '뉴트리아는 한국 이민을 원하지 않았다.'면서 '가죽을 모피로 이용하고 고기를 식용으로 판매하기 위해 농가들이 원산지인 남아메리카로부터 들여와 사육한 것'이라고 설명한다. 저자는 '멧돼지가 땅을 파헤쳐 산림생태계를 망친다는 인식도 오해'라고 지적한다. '멧돼지가 땅을 파헤치면서 토양에 산소가 제공되고, 기존의 식물 외에 다른 식물이 자라게 함으로써 생물다양성을 높인다는 연구 결과도 여러 개 나와 있다.'는 것이다. 멧돼지는 땅을 뒤엎고 갈아서 이를 비옥하게 만드는 개간꾼이다.

이처럼 이 책을 관통하는 관점은 야생동물의 눈높이라고 볼 수 있다. 넓은 바다를 운동장 삼아 빠른 속도로 헤엄치던 돌고래나, 오랑우탄과 원숭이가 펼치는 쇼는 동물 학대를 전제로 하고 있다는 사실을 우리는 외면하고 있다. 동물원의 늑대나 곰이 정형행동(반복적이고 지속적이지만 목적이 없는 행동)을 보이는 것은 그들이 좁은 동물원 우리 안에서 받는 스트레스와 고통에 따른 비정상적 행동이다. 이런 저자의 설명을 들으면 동물원과 야생동물을 대하는 우리의 인식과 행동이 바뀔 수밖에 없다. 동물원에 갇힌 동물들에게도 놀잇감을 주자는 저자의 생각은 야생동물의 입장을 깊이 천착한 데서 나온다. 남의 입장에서 사물이나 상황을 판단한다는 역지사지(易地思之)를 야생동물에게도 확장한 것이라고 할 수 있을 것이다.

〈세 번째 이야기 위기에 빠진 동물들〉, 〈네 번째 이야기 바다로 나간 제돌이〉, 〈다섯 번째 이야기 아끼고 사랑하기〉 등은 사람과 동물이 어떻게 사이좋게 공존할 수 있을 것인지에 관한 천착이다. 각각 멸종 위기에 처한 야생 동물의 보호와 복원 노력, 수족관에서 사람들을 위한 쇼를 하는 남방큰돌고래의 자연방사 과정, 반려동물에 대한 최소한의 배려 등에 대해 다루고 있다. 저자는 웅담 등을 수출하기 위해 수입된 사육곰들의 운명에 대해 설명하면서 이들에게 내려진 무기징역형을 경감하는 방안을 마련하는 것이 '한국 사회의 생명 감수성을 한 단계 높이는 것과 바로 연결된다.'고 말한다. 돌고래 쇼에 강제 동원되던 제돌이를 바다에 되돌려 준 것도 마찬가지일 것이다. 특히 돌고래 방사 과정에 대한 저자의 묘사는 오랜 시간의 현장 취재가 뒷받침되어 매우 구체적이고 흥미진진하다.

우리가 이 땅에 복원하기를 원하는 거대 포유류는 먹이 활동을 위해 넓은 산악 지역이 필요하다. 지금처럼 국토가 이리저리 단절되어 파편화된 상황에서는 호랑이나 표범을 방사하더라도 대를 이어 살아갈 수 없다. 멧돼지는 자기 영역의 상당 부분을 도로, 주거 및 위락단지, 골프장 등으로 빼앗겼으면서도 역으로 사람의 영역에 자주 나타나고 농작물을 해친다고 억울하게 미움을 받는다. 이 책이 우리 국민이 동물의 기본적 권리를 이해하고 행동을 바꿔 가는 하나의 계기가 되기를 기대한다.

임향 (전 국민일보 논설위원, 전 환경기자클럽 회장)

이 책을 추천하며

사람 외에도 생명 가진 존재가 허다한데, 뭉뚱그려 식물, 동물로 부른다. 사람에게 쓸모 있고 이용 가치 있는 것은 '자원'이라 부른다. 생태계에 존재하는 것만으로도 고귀한 뭇 생명을 물건 취급하고 경시하는 세태에 이 책은 경종을 울려 준다. 저자 김기범 기자는 겸손하고 부지런하기로 유명하다. 현장 취재 보도에 그치지 않고 좁은 지면에 담지 못한 스토리를 넉넉하게 정확하게 독자에게 알리려 꼼꼼히 자료를 모으고 전문가들에게 물음을 던졌다. 작은 철새부터 멸종 위기 천연기념물, 심지어 공장식 축산의 실태와 딱한 처지의 길고양이에 이르기까지 우리가 미처 깨닫지 못한 가까운 동물 세계의 실상을 생생하게 짚어냈다. 어린이, 청소년을 둔 가정에서 함께 읽고 토론해 보시길 권한다. 우리의 미래 세대가 심성이 고와지고 생태감수성이 높아질 것으로 믿는다. 환경 시사 상식이 풍부해지는 건 덤이다.

박수택 (전 SBS 논설위원, 환경전문기자)

이 책은 야생동물, 실험동물, 반려동물, 쇼동물, 농장동물 등 거의 모든 동물의 카테고리를 담으면서도 내용이 지나치게 무겁거나 인간이 동물들에 대해 느낄 수밖에 없는 거대담론의 딜레마로 몰고 가지 않는 장점이 있다. 현직 기자라서 그런지 글은 쉽고 구체적이며 정보전달력 또한 탁월하다. 각 장마다 핵심정보나 팁이 정리되어 있는 점도 매우 실용적이다. 책을 덮고 나면 우리는 동물과 공존하는 세계로 한 걸음 더 다가가 있음을 느낀다.

임순례 (영화감독, 전 (사)동물보호시민단체 카라 대표)

우리 인간은 동물과 환경을 대함에 있어 선한 마음과 호기심, 그리고 편익을 좇는 이용 등 복합적인 이해관계를 맺으며 살고 있다. 그런 가운데 인간 중심의 선택적인 생활태도가 동물과 환경에 치명적인 문제를 만들기도 한다. 이 책은 필자가 취재 현장에서 만난 수많은 동물과 환경이 온몸을 다해 호소하는 소리를 담았다. 인간이 우리를 어떻게 이용하고 어떻게 파괴하는지 낱낱이 가려 달라고. 인간과 동물, 환경이 생태적이고 윤리적인 관계를 이루지 못하면 인간도 행복하지 않을 것이라는 경고의 소리이기도 하다. 그동안 우리 인간이 편익에 의해 누려왔던 것들이 과연 정당했는가에 대한 성찰의 계기를 갖게 한다. 가치관 형성의 시기에 있는 청소년들에게 적극 권장하고 싶다. 이타적인 심성은 인간이 가져야 할 아름다운 근본이기에.

조희경 (동물자유연대 대표)

독수리는 왜 까치에게 쫓겨다닐까?

ⓒ 김기범, 2014

초판 1쇄 발행 2014년 12월 5일
초판 5쇄 발행 2022년 6월 13일

지은이   김기범
펴낸이   정은영

펴낸곳   (주)자음과모음
출판등록   2001년 11월 28일 제313-2001-259호
주소   10881 경기도 파주시 회동길 325-20
전화   편집부 (02)324-2347, 경영지원부 (02)325-6047
팩스   편집부 (02)324-2348, 경영지원부 (02)2648-1311
이메일   jamoteen@jamobook.com

ISBN 978-89-544-3134-7(44080)
      978-89-544-3135-4(set)

이 도서의 국립중앙도서관 출판시도서목록(CIP)은 서지정보유통지원시스템
홈페이지(http://seoji.nl.go.kr)와 국가자료공동목록시스템(http://www.nl.go.kr/kolisnet)에서
이용하실 수 있습니다.(CIP제어번호: CIP2014037162)

이 책은 관훈클럽신영연구기금의 도움을 받아 저술 출판되었습니다.